소액으로 최대 수익을 내는 헬로마녀의

적금주식 투자법

소액으로 최대 수익을 내는 헬로마녀의

적금주식 투자법

초판 인쇄 2021년 6월 30일
초판 발행 2021년 7월 12일

지은이 헬로마녀
펴낸이 유해룡
펴낸곳 (주)스마트북스
출판등록 2010년 3월 5일 | 제2011-000044호
주소 서울시 마포구 월드컵북로 12길 20, 3층
편집전화 02)337-7800 | **영업전화** 02)337-7810 | **팩스** 02)337-7811
원고투고 www.smartbooks21.com/about/publication
홈페이지 www.smartbooks21.com

ISBN 979-11-90238-60-1 13320

소액으로 최대 수익을 내는

헬로마녀의 적금주식 투자법

헬로마녀 지음

스마트북스

프롤로그

엄마도 주식 투자 하면 아파트 사고 월세 받는다!

"병수네 와이프는 이번에 주식에 투자해서 600만 원 벌었다던데…."

"대단하네."

식탁머리에서 나온 남편의 말에 하나 씨는 대수롭지 않게 대답했다. 평소 같았으면 "그러게, 한턱 쏠라나?" 하고 말을 끝냈을 남편이 오늘따라 말을 길게 붙였다.

"당신은 주식 투자 안 해?"

"내가 그 어려운 걸 어떻게 해?"

그렇게 시작한 대화는 결국 싸움이 됐다. "은행 이자가 2%도 안 되는데, 아직도 저축해서 돈을 모으냐"부터 시작해서 말끝마다 성질을 긁어서 "당신 월급이 적어서 그렇잖아"라는 말까지 나오고 말았다. 남편도 지지 않고 누구네는 그 월급 절반을 저축하고 산다며 도대체 어디에 그렇게 많이 쓰냐며 싸움에 더 불을 붙였다. 흥청망청 쓰면서 살림하는 것도 아닌데, 펑펑 쓰는 것처럼 말하는 남편의 말에 하나 씨는 억울했다. 그러고 보니 요즘 뉴스나 인터넷 커뮤니티만 봐도 주식 투자 안 하는 사람은 나뿐이고, 다들 주식으로 돈 벌었다는 얘기만 가득하다. 하나 씨는 이번 참에 주식으로 돈 왕창 벌어서 남편 코를 납작하게 해주겠다고 다짐한다. 그런데 도대체 어디서부터 어떻게 시작해야 하는지 감이 안 온다. 주식 계좌는 어디서 만들고, 주식을 사고파는 건 또 어떻게 해야 하는지… 모든 게 너무 어렵다.

하나 씨의 사연, 익숙하신가요? 하나 씨처럼 주식 투자를 처음 시작할 때의 막막함, 그리고 엄마로서 살아내야 하는 현실들, 저 역시 뼈저리게 느낀 사람이었습니다. 저도 처음에는 아무것도 없이 시작했습니다. 스물셋 어린 나이에 사랑만 보고 결혼했고, 6평짜리 공장 사무실에서 신혼집을 차렸죠. 결혼하고 1년 만에 한 아이의 엄마가 되었고, 너무 행복했지만 초현실적인 결혼생활에 답이 안 나오던 시절이었습니다.

당시 남편의 월급은 고작 150만 원. 가진 거라곤 침대 하나도 제대로 안 들어가는 좁디좁은 신혼집이 전부였지만, 노동의 정직함과 절약의 힘을 믿으며 안 쓰고 안 먹고 안 입으면서 월급의 70%를 저축했습니다. 그렇게 2년을 열심히 모으고 모은 3,000만 원을 집안에 일이 생겨 빌려드리고 나니 또 무일푼이었죠.

아이는 점점 커가고, 이미 좁은 집은 더욱 좁아졌습니다. 매일 낙담하던 그때, 문득 대학생 때 모의투자대회에서 가상 투자금 3,000만 원을 1억 원으로 만들었던 기억이 났습니다. '바로 이거다!' 왜 갑자기 그 생각이 났는지 모르겠지만, 그 길로 바로 뛰어나가 2금융권에 넣어놨던 적금을 모두 해약했습니다. 그리고 눈앞에 보이는 증권사에 가서 증권 계좌를 처음으로 만들었죠. 저도 몰랐습니다. 그날이 제 인생의 변곡점이었다는 걸요.

지금 저와 같은 경험을 하고 계신 분들도 계실 테고, 과거에 비슷한 경험을 하신 분들도 계실 겁니다. 이 책은 그런 분들께 피와 살이 되는 이야기를 해드리고 싶어서 쓰게 됐습니다. 저도 처음에는 증권 계좌를 만들긴 만들었는데, 그 이후에는 어떻게 해야 하는지 몰라서, 계좌에 돈을 입출금하는 법도 몰라서 증권사에 전화해서 묻곤 했습니다.

HTS를 깔아야 된다고 해서 깔긴 깔았는데 뭔 놈의 그래프는 이렇게 복잡하고, 숫자는 뭐가 이렇게 많은지 너무 막막했죠. 주식 투자 하면 집안 망한다는 소리를 듣던 시절이었고, 지금처럼 유튜브나 블로그에서 쉽게 주식 투자를 하는 법을 가르쳐주지도 않았습니다. 저는 우선 주식 투자서를 닥치는 대로 다 읽었습니다. 책 살 돈이 없어서 집 근처 도서관에 가서 무슨 이야기인지 이해하기 어려운 주식 관련 책을 모두 읽었습니다. 그래도 모르는 내용은 경제 기본 원리를 담은 책을 찾아 읽었습니다. 그리고 마침내 가지고 있던 모든 돈을 털어 주식에 넣었습니다. 지금 생각해보면 무모했지만, 그때는 그 방법이 유일하다고 생각했습니다.

제가 투자한 주식은 다행히도 그 후 꾸준히 성장했습니다. 그리고 매달 남편의 월급에서 목돈을 빼서 추가로 더 매수했습니다. 그리고 첫아이가 어린이집에 가던 해, 생애 처음으로 차를 샀고 얼마 후 50평짜리 구옥주택을 매입할 수 있었습니다. 이렇게 결론만 이야기하면 한 편의 드라마 같기도 합니다. 분명 제가 지나왔던 길인데도 믿겨지지 않거든요. 그런데 누구나 할 수 있습니다. 제가 바로 그 증거입니다.

2020년은 많은 분들에게 참으로 인상적인 한 해가 아니었나 싶습니다. 주식을 이전부터 하고 계셨던 분들에게는 유례없는 상승상이었을 테고, 주식에 대한 인식이 바뀌어 처음 시작하신 분들도 많으신 걸로 압니다. 제게도 2020년은 인생의 두 번째 변곡점이었습니다. 10년 가까이 해온 주식 덕분에 신축 아파트로 이사를 했고, 월세 수익도 생기기 시작한 해였습니다. 또 주식 강사로 데뷔하게 되었고, 두 권의 재테크 책의 공동저자가 되었고, 지금 또 한 권의 책을 쓰고 있습니다. 참으로 다사다난하고 행복했던 해였습니다.

저는 이 모든 게 주식 덕분이라고 생각합니다. 그리고 너무나 힘들었던 과거에 포기하지 않고 주식 공부를 했기 때문에 얻은 결과물이라고 생각합니다. 주식으로 큰돈 벌기 힘들다는 말을 왕왕 듣습니다. "주식으로 대박 노리다 쪽박 찬다"라는 말에도 공감합니다. 그런데 '어떻게 하느냐'에 따라 결과는 충분히 달라질 수 있습니다. 저를 보세요. 어떻게 생활고에 시달리던 애엄마가 몇 년 만에 신축 아파트로 이사를 가고, 월세를 받는 생활을 하게 됐을까요? 그것도 주식으로 말입니다.

저는 주식이 작은 돈을 모아 목돈을 만드는 가장 좋은 시스템이라고 생각합니다. 한 방에 대박을 치는 게 아니라 적금처럼 꾸준히 모으되, 적금보다는 더 많은 이자를 빠르게 얻을 수 있는 게 바로 주식입니다. 주식으로 10% 수익 내기? 어렵지 않습니다. 그런데 적금으로 10% 수익 내기? 요즘 같은 시장에서는 어렵습니다. 주식으로 어느 날 갑자기 한 방 터져서 대박 나기는 힘들지만, 높은 이율로 빠르게 복리 시스템을 돌리면 목돈을 만들기는 쉽고 안전합니다. 이걸 경험해보려면 어떻게 해야 할까요? 네, 우선 증권 계좌부터 여세요.

처음이고 모르는 분야니까 어렵고 두려운 마음 이해합니다. 하지만 해보면 별것 아닙니다. 여러분의 자산을 아주 빠르게 키워주고, 그 덕분에 더 큰 꿈을 꾸게 되실 거예요. '지금 시작하면 너무 늦은 거 아닌가?' 이렇게 생각하시죠? 절대 아닙니다! 뻔한 말이지만 늦었다고 할 때가 가장 빠른 거예요. 무섭고 몰라서 놓치기엔 너무 아깝고 값비싼 기회라고 생각해요. 시작하지 않으면 아무 일도 일어나지 않죠. 과거의 저는 지금 이 글을 읽고 계신 여러분과 완전히 똑같은 생각을 하고 있었습니다. 제가 증명할게요. 여러분도 하실 수 있어요.

2021년 7월 성투를 기원하며

헬로마녀

차례

PART 3 주린이도 할 수 있는 쉽고 간단한 '적금주식'

PART 4

무조건 수익 내는 적금주식 실전 투자법

PART 5

이번에는 예금주식, 배당주 투자법

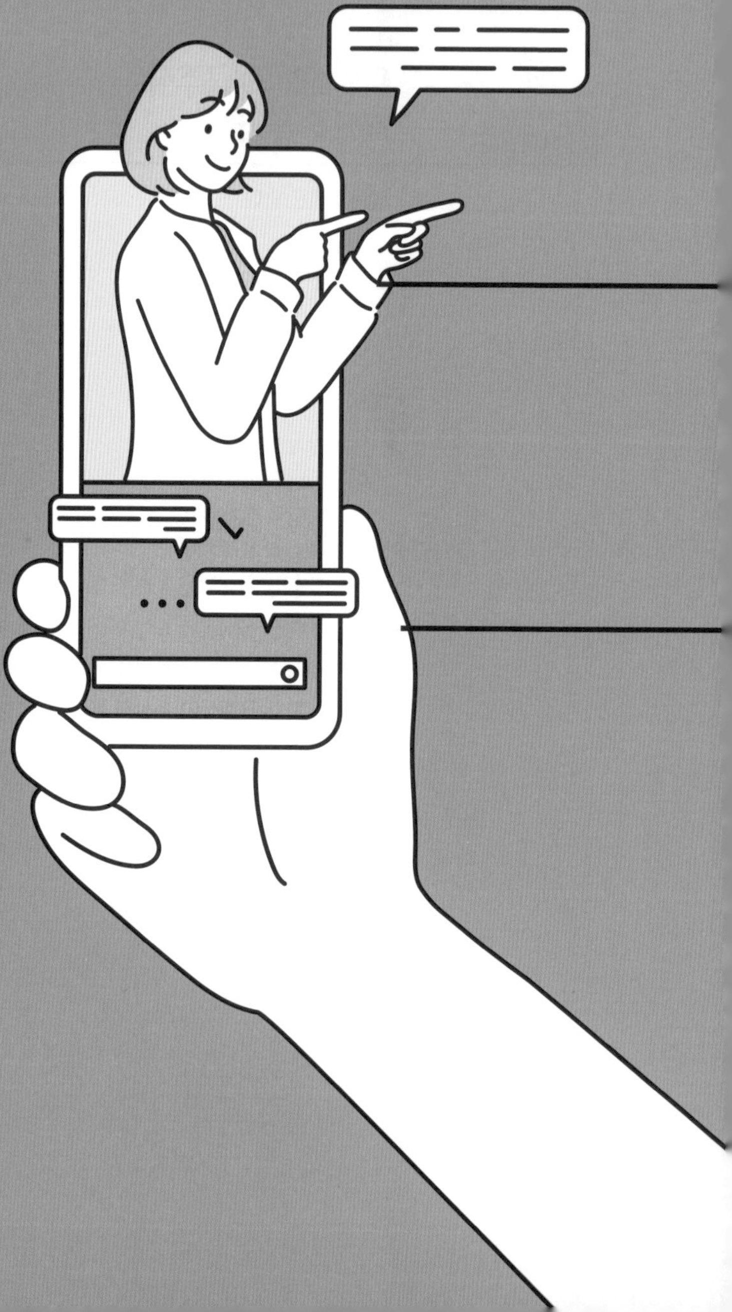

PART 1

무조건 안 쓰고 모으는 게 정답인 줄 알았다

* 본문에서 나오는 종목은 각 설명을 위한 예시일 뿐 추천 종목이 아닙니다.

열심히 일하고 알뜰살뜰 모으면 나도 언젠가 차도 사고
내 집 마련도 할 줄 알았다. 그런데 일을 하면 할수록
월급만으로는 악착같이 모아도 힘들고,
이룬다 해도 아주아주 먼 미래라는 걸 깨달았다.
그래서 나는 주식 투자를 시작했다.

안 먹고 안 써서 모은 돈이 사라졌다

2년간 죽어라 모았던 3,000만 원이 순식간에 없어졌다. 먹고 싶은 거 안 먹고, 하고 싶은 거 다 참으면서 모은 돈인데 집안에 갑자기 목돈이 들어갈 일이 생겨 친척 어르신께 빌려드리면서 언제 받을 수 있다는 기약도 없이 사라져버렸다.

스물셋 어린 나이에 가진 것 하나 없이 사랑만 보고 결혼한 나는 처음에는 신혼집도 없어서 시부모님이 운영하시는 공장 사무실에서 신혼살림을 차렸다. 쉽진 않았지만 아끼면서 살면 괜찮다고 생각했다. 나이가 어려서 마냥 희망적이기도 했고, 앞날이 창창할 거라 믿었기 때문이다. 그리고 1년 후 한 아이의 부모가 되면서 남편과 나는 이전보다 더 열심히 아끼면서 살아야겠다고 다짐했다. 그렇게 아껴서 모은 3,000만 원이었다.

그때는 그게 최선이었다. 마트에서 할인하는 돼지고기 반 근을 사 와서 며칠을 먹고, 대학생 때 입던 옷을 여전히 입으면서도 괜찮았다. 당시 남편의 월급 150만 원에서 100만 원을 꼬박꼬박 저축하고, 그렇게 악착같이 3,000만 원을 모았는데, 다시 원점인 무일푼으로 되돌아가게 된 거다. 지금은 그 일도 과거 경험 중 하나가 됐지만, 그때만 해도 너무 허무해서 꽤 오래 힘들어했었다.

아이가 세 살이 되니 슬슬 이사도 고민해야 했다. 곧 어린이집도 가야 하는데, 당시 살던 동네는 고작 다섯 가구밖에 살지 않아 가까운 곳에 어린이집이 없었다. 그리고 무엇보다 그저 남들처럼만 살고 싶었다. 6평 공장 사무실이 아닌, 투룸 정도는 되는 곳에서 세 가족이 알콩달콩 살고 싶었다. 하지만 우리에겐 전세 보증금은커녕 월세 보증금도 없었다. 지난 3년간 억척을 떨면서 돈을 모을 때는 나도 몇 년만 고생하면 남들처럼 차도 사고, 목돈 모아서 좋은 집으로 이사도 가고, 그렇게 살 수 있을 거라 생각했는데, 모든 게 마음먹은 대로 되지 않았다.

그래도 가족이 있어서 괜찮았다. 돈이 영영 사라진 것도 아니고, 빌려드린 것이니 언젠가는 받을 수 있을 테고, 돈은 또 저축하면 되니까. 그런 생각을 하던 어느 날, 그날도 어김없이 반찬값을 아끼기 위해 마트에서 할인 상품을 장봐서 오던 길이었다. 우연히 길거리 쇼윈도에 비친 나를 보니 안 입고 안 쓰고 안 먹으면서 알뜰살뜰하게 살림하는 20대 새댁이 아니라, 못 입고 못 쓰고 못 먹어서 추레한 한 아줌마가 보였다. 뭔가 잘못되고 있다는 생각이 들었다. 오랜만에 연락했던 친구는 대학생활을 하면서 누구랑 소개팅을 했고, 어디 브랜드 가방을 샀고, 무슨 축제를 간다던데… 문득 왜 나만 이러고 있는 건가 싶었다. 나름대로 그럭저럭 잘 살고 있다고 생각했는데, 사실은 아니었다.

증권 계좌를 만들고
인생이 변하기 시작했다

다시 바닥부터 시작해야 한다고 생각하니 우울했다. 2년 전보다 나를 더 힘들게 한 건 나날이 커가는 아이였다. 나만 안 쓰고 아끼면 될 때와는 달랐고, 아끼는 것도 한계가 있었다. 아무것도 하지 않고 숨만 쉬어도 들어가는 돈이 셀 수 없이 많았다. 무엇보다 아이에게 더 좋은 환경을 만들어주지 못해서 마음이 항상 무거웠다.

다시 힘내서 처음부터 해보자 싶다가도 꿈꿨던 결혼생활과 너무 달라서 남편과 싸우기도 참 많이 싸웠다. 그렇게 매일 마치 날개 꺾인 새처럼 우울하게 보내다 문득 대학생 때 주식 모의투자대회에

참가했던 게 떠올랐다. 가상 투자였지만 투자금 3,000만 원으로 1억 원을 만들었던 기억. 그 길로 바로 아이를 둘러업고 은행에 가서 매달 열심히 부었던 적금을 모두 해약했다. 3,000만 원이 사라지고 붓기 시작한 지 얼마 되지 않아 200만 원도 채 되지 않은 금액이었다. 중도 해약해서 만기 이자를 못 받은 게 아까웠지만, 당장 무언가 시작하지 않으면 영영 이렇게 살아갈 것 같아 불안했다. 그렇게 은행을 나와 무언가에 홀린 것처럼 제일 가까운 증권사를 찾아가 증권 계좌를 만들었다. 바로 그날이었다. 내 인생이 180도 바뀐 날.

빠른 결심으로 증권 계좌를 만들긴 만들었는데, 문제는 그다음이었다. 계좌를 만든 후에 도대체 무엇부터 시작해야 할지 몰랐다. 은행에서 하던 것처럼 그냥 통장에 입금만 하면 되는 건지, 투자는 어떻게 하고, 투자금이 늘어나는 건 어디서 확인할 수 있는 건지, 아는 게 하나도 없었다.

아는 게 없어서 겁이 났지만, 그래도 무조건 했다. 증권 계좌에서 입금이나 출금을 하는 법을 모를 때는 증권사에 전화해서 물어봤고, 무슨 프로그램을 설치하라고 하면 설치했다. 모의투자를 할 때는 가상 투자금으로 하니까 떨리지 않았는데, 실제로 내 돈이 들어가고 이걸 잃을 수 있다고 생각하니 확실히 겁이 났다.

요즘은 주식 투자 안 하는 사람을 찾기 어려울 정도지만, 그때만 해도 주식 투자로 성공했다는 사람은 별로 없었다. 오히려 주식 때문에 집안 말아먹었다는 사람이 많던 시절이었다. 드라마나 영화에서도 주식에 투자하는 사람들의 최후는 비극적인 파산이었다.

주식에 대한 정보도 별로 없고 주식 책도 지금처럼 다양하지 않아서 더 겁이 났다. 그때도 주식 투자를 하는 사람들은 많았지만, 그건 왠지 그들만의 리그 같았고, 나 같은 생초보는 감히 발을 담가서는 안 될 영역 같았다. 당시 우리 집 전 재산은 200만 원도 채 안 되는 금액이 전부였고, 이걸 잃으면 정말 인생 전체를 잃는 기분일 것 같았다.

그렇게 주식 공부를 시작했다. 이전까지만 해도 내가 주식 투자를 할 거라고는 생각도 못 했는데, 적금을 해약하고 증권 계좌를 만들었더니 뭐라도 시작해야 했다. 그래서 닥치는 대로 주식 투자서부터 찾아 읽었다. 집 근처에 있는 도서관에 출근 도장을 찍으며 시중에 나와 있는 주식 투자서를 모두 빌려 봤고, 이해하기 어려운 부분은 일일이 인터넷으로 찾아봤다. 그래도 모르는 내용이 많아서 경제 기본 원리를 다룬 책까지 모두 섭렵했다.

이렇게 주식이라는 게 뭔지 어느 정도 감은 잡았는데, 다음 문제는 온라인 주식 거래 시스템인 HTS였다. 모의투자 때와는 너무나 달랐다. 매일 수많은 숫자가 들쑥날쑥 움직이고, 길쭉길쭉한 표와 복잡한 선이 얽혀 있었다. 뭐가 상승이고 하락인 줄도 몰랐고, 주식을 사고파는 법도 모를 때라 HTS도 공부해야 했다.

그리고 마침내 주식을 사고파는 법까지 알게 됐을 때, 나는 가지고 있는 돈을 모두 삼성전자에 털어 넣었다. 이것이 나의 첫 주식 투자였다.

인생도 주식처럼 오르락내리락

'삼성전자는 절대 망하지 않을 거야'라는 마음으로 무모하게 시작한 첫 주식 투자였다. 너무나 다행히도 삼성전자 주가는 꾸준히 올랐다. 당시에는 주가가 왜 오르고, 회사가 성장한다는 개념이 뭔지 잘 몰라서 주가가 오르면 그냥 '와~ 돈 나온다' 이런 생각만 했다.

그 후 매달 은행에 저축하던 돈을 모두 삼성전자에 투자했다. 공부를 한다고 했는데도 한참 부족했을 때라 스스로 포트폴리오를 짜고 계획하는 법은 몰랐다. 그저 망하지 않을 것 같은 기업에 매달 적지 않은 금액을 몰아넣었다. 그렇게 딱 1년을 보냈다. 그사이에 주식은 매일 오르락내리락하면서 결국엔 올라주었고, 제법 쌓인 수익금으로 1년 후 드디어 생애 첫 차를 마련할 수 있었다. 그게 초심자의 행운이었다는 걸 그때는 미처 몰랐다.

솔직히 정말 신기했다. 2년간 죽어라 하고 적금 부었을 때는 꿈도 못 꾸던 차를 주식 투자 1년 만에 사다니! 그다음으로 나는 집을 꿈꿨다. 아이가 네 살이었고, 초등학교 입학 전에는 집을 사고 싶었다. 그래서 매달 남편 월급에서 이전보다 좀 더 많은 금액을 떼어 삼성전자에 투자했고, 고맙게도 삼성전자 주가는 꾸준히 올랐다. 삼성전자의 상승 차트처럼 내 인생도 이제 상승할 일만 남았다고 생각했다.

그래서 남편과 나는 지금이 자산을 더욱 불릴 기회라고 생각해 주식을 모두 매도해 창업에 뛰어들었다. 지금 생각해보면 삼성전자에 투자해 얻은 수익도 꼼꼼히 분석한 후 얻은 결과가 아니라 운이었는데, 그걸 모르고 또 운에 모든 걸 건 것과 다름이 없었다. 겁도 없이 어떻게 창업을 시작했을까 싶지만, 당시에는 그래도 나름 획기적인 아이템이었다. 즐겨 가던 온라인 경제 카페에서 대상을 타고, 특허도 낸 아이템이라 세상에 내놓으면 이제 상승할 일만 남은 줄 알았다.

인생도 주식처럼 올라갈 때가 있으면 내려올 때도 있는 법. 창업이 대박 나서 큰 집으로 이사할 꿈만 꾸고 있었는데, 잘못 만난 사기꾼 때문에 창업 아이템을 세상에 내놓지도 못하고 끝나버렸다. 사기는 남들 이야기라고만 생각했는데, 직접 당하니 하늘이 무너진다는 게 이런 거구나 싶었다. 3,000만 원을 친척 어르신께 빌려드렸던 때와는 비교도 할 수 없을 만큼 절망적이었다. 증권 계좌를 만든 후 미친 듯이 주식 공부를 하며 조금씩 모으고 모았던 삼성전자 주식을 모두 매도한 돈이었다. 거기다 창업한다고 받은 대출도 들어 있었다. 모은 돈을 잃은 건 물론이고 빚까지 떠안게 됐다. 내 인생은 그렇게 파란색을 띠고 아래로, 더 아래로 떨어져버렸다.

돈을 되찾기 위해 사기꾼을 고소하고 어렵게 소송에서 이겼지만, 돈을 받아내기란 결코 쉽지 않았다. 그러는 사이에 극심한 생활고가 찾아왔다. 다시 주식 투자를 해서 모든 걸 원상태로 돌려놓고 싶었지만, 주식에 투자할 돈은커녕 당장 공과금 낼 돈도 없었다. 정말 바닥이었다. 마치 영영 오르지 않는, 곧 상폐를 앞둔 주식처럼 계속 바닥을 향해 가는 느낌이었다.

매일 울었다. 후회스러워서 울고, 사기꾼이 원망스러워서 울고, 앞이 깜깜해서 울었다. 그렇게 몇 날 며칠을 울고 났더니 정신이 조금 돌아왔다. '일을 해서 다시 돈을 모으자!' 내 인생을 이렇게 상폐하도록 내버려두지 말자고 결심했다.

노동만으로 돈 벌기는 끝내기로 했다

빚 때문에 남편의 월급만으로는 생활하기가 어려웠고, 나도 일을 해야 했다. 당장 뭐라도 할 수 있었는데, 현실이 또 가로막았다. 경력이 단절된 애엄마를 받아줄 만한 곳이 생각보다 없었다. 우여곡절 끝에 대학에서 법대 복수전공을 했던 이력으로 부동산 공인중개사 사무실에 취직할 수 있었다.

고정 수입이 들어오는 일을 시작했지만, 바로 생활이 나아지진 않았다. 여전히 대출은 갚아야 했고, 사기당한 돈은 돌려받지 못한 상태였다. 그러다 보니 남편과 싸움이 잦아졌다. 아이를 어린이집에 등·하원시키는 것부터 의견 충돌이 생기기 시작했고, 서로 누가 더 힘든지 자기 이야기만 하면서 대결하듯이 싸웠다. 누구의 잘못도 아니었는데, 그때 우리는 너무 힘들어서 서로에게 하소연할 수밖에 없었다.

고정 수입이 양쪽에서 꾸준히 들어오면서 서서히 생활이 조금 풀리기 시작했다. 그리고 사기당한 돈도 조금씩 받을 수 있게 됐다. 그런데 아이러니하게도 나는 일을 하면 할수록 노동만으로 돈을 벌어서 집을 사겠다는 생각을 안 하게 됐다. 노동으로 수입이 생겨서 생활이 나아지고 있는 건 분명한데, 이전처럼 자산이 늘어나는 게 아니라 그저 오늘 열심히 벌어서 오늘 쓰고 나면 끝나는 삶이 반복되는 것처럼 느껴졌다.

그리고 내가 일을 하니 아이를 온전하게 돌보지 못하는 것도 마음에 걸렸다. 많은 맞벌이 부모가 그런 것처럼 우리도 아이를 부탁하고 맡길 곳이 없었다. 친정은 너무 멀었고, 시댁도 아이를 봐줄 수 있는 상황이 아니었다. 아이가 어린이집에 다닐 때는 그래도 괜찮았다. 그런데 어린이집이 방학을 하면서 또 난관에 부딪혔다. 단 일주일인데도 아이를 맡길 곳이 없었다. 지금은 긴급보육이 있지만, 그때는 그런 것도 없었다. 남편도 일을 쉴 수 없었고, 나도 일주일이나 휴가를 낼 상황은 아니었다. 그리고 엎친 데 덮친 격으로 둘째 아이를 갖게 되면서, 결국 몇 달 못 다닌 공인중개사 사무실과는 작별해야 했다.

마지막 퇴근길에 나는 또 한 번 다짐했다. '노동만으로 돈 벌겠다는 생각은 하지 말자.' 그리고 다시 주식을 시작했다.

하루에 딱 '2만 원'만 벌고 싶다

주식 투자를 본격적으로 다시 시작했을 때 나의 목표는 하루에 2만 원만 버는 것이었다. 하루 생활비가 1만 원이었기 때문에 조금만 더 풍족하게 살고 싶은 마음에서였다.

당시에 주식 장이 꽤 좋았다. 개인적으로 하루에 30% 상승하는 종목이 10개가 넘어가면 장이 좋다고 판단하는데, 그런 날이 많았다. 삼성전자에 몰빵했던 과거와 달리 다시 투자를 본격적으로 시작했을 때는 일명 '초단타투자'를 주로 했다. 초단타투자란 짧은 시간에 매수, 매도하는 매매법으로, 이름처럼 짧으면 몇 초 안에 매수와 매도가 모두 이뤄진다. 그래서 장이 열려 있을 때 많은 시간을 쓸 수 없는 엄마에게 딱 맞는 매매법이라고 생각했다. 더불어 매일 수익을 본다는 점도 매력적이었다.

초단타투자는 보통 주가가 위아래로 요란하게 급변하는 종목을 매매하는데, 사람들이 우르르 몰려가서 거래량이 많은 종목을 주로 매매한다. 현란하게 움직이는 차트가 잠시 소강상태를 보이며 횡보할 때가 있는데, 그때 빠르게 매수했다가 다시 불 붙어서 마구 올라가면 파는 것이다. 하루에 2만 원을 벌겠다고 목표했을 때 가장 적합한 매매법이라고 생각했다. 이렇게 투자해서 하루에 2만 원을 버는 날이면 기분이 좋아서 피자를 시켜 먹고, 운이 좋아서 5만 원을 벌면 그 주말에는 밖에서 외식을 하기도 했다.

그런데 어느 날 계좌를 보는데 뭔가 이상했다. 분명 매일 2만 원 안팎으로 야금야금 수익을 보는데도 전체 자산이 자꾸 줄어들었다. 2만 원 수익이 생기는 날에도 딱 2만 원만 빼서 썼기 때문에 내 계산대로라면 계좌에 수익금은 없어도 원금은 그대로 있어야 했다. 그런데 어찌된 일인지 원금도 줄어들어 있었다.

거래내역을 자세히 살펴보니 너무나 당연한 결과였다. 수익이 나면 나는 대로 족족 빼서 썼고, 원금이 불어나지 않은 상태에서 손해를 보는 종목에서는 원금이 쭉쭉 빠져나가니 나의 전체 자산은 당연히 줄어들 수밖에 없었다. 2만 원을 벌면 그걸 그냥 두지 못하고 빼서 썼다. 2만 원만 빼서 쓰면 다행이었다. 2만 원 벌고 보상심리로 5만 원을 썼다.

하루 2만 원 버는 목표에 단타매매처럼 적합한 투자법도 없었다. 하루에도 몇 십 퍼센트의 수익률을 가져다주는데, 왜 한두 달을 기다리면서 돈을 버나 싶었다. 그런데 문제는 수익만큼 쓴다는 것도 있지만, 자꾸 손이 갔다. 매수하고 끝이 아니라 차트가 오르락내리락하는 걸 실시간으로 계속 봐야 했다. 그래야 조금이라도 더 높은 금액으로 매도할 테니 휴대폰에서 한시도 눈을 뗄 수 없었다.

그런데 내 상황에서는 그걸 할 수 없었다. 둘째 아이는 기어 다니고, 울면 안아줘야 하고, 기저귀도 갈아줘야 하고, 때마다 이유식 만들어서 먹여야 하고, 집도 쓸고 닦아야 하니 실시간으로 차트를 볼 틈이 없었다. 단타로 치고 빠지려고 들어갔다가 아이 보느라 매도 타이밍을 놓쳐서 물린 종목들이 하나둘 늘어났다. 그때 초단타투자가 나와 맞지 않는다는 걸 깨달았다. 그렇게 단타매매에서 손을 뗐다.

두 아이의 엄마에서 주식 투자자로

아이들은 하루가 다르게 커가고 앞으로 다가올 미래는 두렵기만 했다. 한 아이를 대학교에 입학시킬 때까지 키우는 데 몇 억이 든다던데, 지금 수입으로는 평생을 모아도 만들 수 없는 돈이었다. 그래서 나는 더더욱 주식을 놓을 수 없었고, 더 공부했다. 이전보다 더 열심히 했다. 낮에는 집안일을 하고 저녁이면 주식 책을 펼쳐놓고 외우다시피 했으며 경제 신문과 두꺼운 경제 이론서를 읽었다. 그리고 결심했다. 당장 코앞에 보이는 돈을 벌기 위해 투자를 할 게 아니라, 제대로 된 주식 투자자가 되어서 진정한 경제적 자유를 얻겠다고.

단타매매로 고배를 마신 후에는 다양한 방법으로 주식 투자를 했다. 꾸준히 공부를 하면서 어떤 투자법이 내게 맞는지 실험해보는 시간이었다. 너무나 매력적이고 유혹적인 단타매매를 끊고, 분할매매와 비중투자를 시작했으며, 정액투자도 하게 되었다. 노동 수입에만 의존하지 않으려면 조금이라도 꾸준하게 나오는 수익 구조를 만들어야 했고, 나한테는 그게 주식이었다.

정액투자는 정해진 일정 금액을 꾸준히 투자하는 것을 말한다. 분할매수의 일부이지만 수익률이 엄청 높은 건 아니고 주식을 어려워하는 왕초보 투자자에게 추천하는 매매법이다. 공부하고 실제로 직접 투자를 해보니 나한테는 단타매매보다 정액투자가 더 잘 맞았다.

앞서 말한 것처럼 단타매매는 주식 장이 시작되는 시점에 가장 많이 이루어진다. 그때가 차트 변화가 가장 활발하기 때문이다. 누군가는 그때 투자를 잘해서 고수익을 얻기도 한다. 하지만 나는 엄마다. 아침 9시면 첫아이가 유치원에 갈 시간이라 휴대폰을 오래 들여다볼 여유가 없다. 첫아이가 유치원에 가고 나면 둘째 아이를 챙겨야 해서 아침에는 여러모로 정신이 없고 바쁘다. 나의 생활 패턴과 단타 투자법이 맞지 않았던 것이다.

반면에 정액투자는 언제 들어가든 상관없었다. 당장 매도할 게 아니기 때문에 일희일비하지 않게 된다는 점도 나와 잘 맞았다. 이렇게 직접 해보고 실패도 해보면서 경험치를 쌓아갔다. 당연히 실패할 때도 있었지만, 실패를 발판으로 삼아 다음에는 더 신중할 수 있었다. 그렇게 나는 두 아이의 엄마이자 한 남자의 아내에서 주식 투자자로 변신했고, 나만의 주식 투자법인 '적금주식'의 프레임을 만들기 시작했다.

엄마라서 주식 투자가 쉬웠다!

"엄마도 주식으로 성공할 수 있나요?"

주식 강의를 할 때 가장 많이 들은 이야기다. 오랫동안 활동하던 온라인 경제/재테크 카페에 나의 주식 투자 스토리를 올렸다. 그 계기로 작년에 주식 투자에 관한 온라인 강의를 하게 됐다. 그저 나와 비슷한 어려움을 겪는 사람들에게 힘을 주고, 누구나 쉽게 주식 투자를 할 수 있다는 걸 공유하고 싶었을 뿐인데 운이 좋았다.

처음에는 강의를 할 생각이 없었다. 나는 그저 소소한 개인 투자자고, 주식 전문가도 아니고, 나보다 더 많이 알고 대단한 분들이 많다고 생각했기 때문에 누군가를 가르친다는 게 어색하고 민망했다. 그런데 내가 아무것도 몰랐을 때 좌충우돌하며 겪은 것들을 현재 겪고 있는 분들이 많다는 걸 알게 됐고, 조금이나마 도움이 되고 싶어서 강의를 시작했다.

작년에 온라인으로 첫 강의를 했을 때가 생각난다. 강의를 들으러 오신 분들의 비율을 보면 주식 투자가 아예 처음이어서 증권 계좌도 없으신 분들이 절반 정도였고, 증권 계좌도 있고 주식 투자도 조금씩 하지만 수익을 잘 못 내시는 분들이 절반 정도였다. 내가 엄마로서 주식 투자를 했기 때문에 강의를 들으러 오신 분들도 여성분들이 많았다.

다들 주식 투자를 해야 하는 이유도 알겠고, 하고 싶은데 도대체 무엇부터 시작해야 하는지 몰라서 어렵다고 했다. 증권 계좌는 은행 계좌랑 뭐가 다른지, 어디서 만들어야 하는지, 돈을 넣고 빼는 건 어떻게 하고, 주식을 사고파는 건 어떻게 해야 하는지, 질문들이 쏟아졌다. 또 엄마들은 한 달 생활비에서 어느 정도의 돈을 빼서 투자해야 하는지, 아이들 챙기고 집안일을 해야 하는 그 틈에 투자 시간을 어떻게 내야 할지 고민이 많았다.

그런 질문을 받을 때마다 나는 자신 있게 대답한다. "엄마라서,

엄마니까 주식 투자를 해야 합니다." 다른 일처럼 사무실에 출근을 할 필요도 없고, 하루에 짧으면 10분 정도만 할애해도 충분히 할 수 있는 게 바로 주식 투자이기 때문이다.

엄마가 주식 투자에 유리한 이유

- ▹ 출퇴근을 하지 않아도 된다.
- ▹ 아이를 어린이집이나 유치원에 보내고 할 수 있다.
- ▹ 언제 어디서든 휴대폰만 있으면 할 수 있다.
- ▹ 경제, 물가를 누구보다 빨리 피부로 느껴서 좋은 종목을 찾을 수 있다.

강의를 하면서 많은 분의 이야기를 들었다. 그리고 과거의 내가 떠올랐다. 매일 절망 속에서 살다가 첫째 아이를 둘러업고 증권사로 갔던 그날. 그리고 뭐든 시작해야 결실을 볼 수 있다는 깨달음. 잘 몰라도 어려워도 우선 시작해야 한다.

나도 내가 주식으로 미래를 설계하며 살게 될 줄은 몰랐다. 하지만 주식 투자를 꾸준히 한 덕분에 차도 사고 집도 샀다. 그리고 지금은 작은 건물까지 매입해서 월세 수익도 얻고 있다. 모든 게 다 주식 덕분이다. 그렇다고 노동 없이 무조건 주식 투자부터 하라는 뜻은 아니다. 투자 자금은 반드시 노동으로 벌어야 한다. 그리고 그 돈을 알뜰살뜰 잘 모아서 좋은 종목에 투자하면 된다. 그러면 고정 수입이 없는 엄마도 월급쟁이도 내 차, 내 집을 살 수 있다. 공부하면 누구나 할 수 있다.

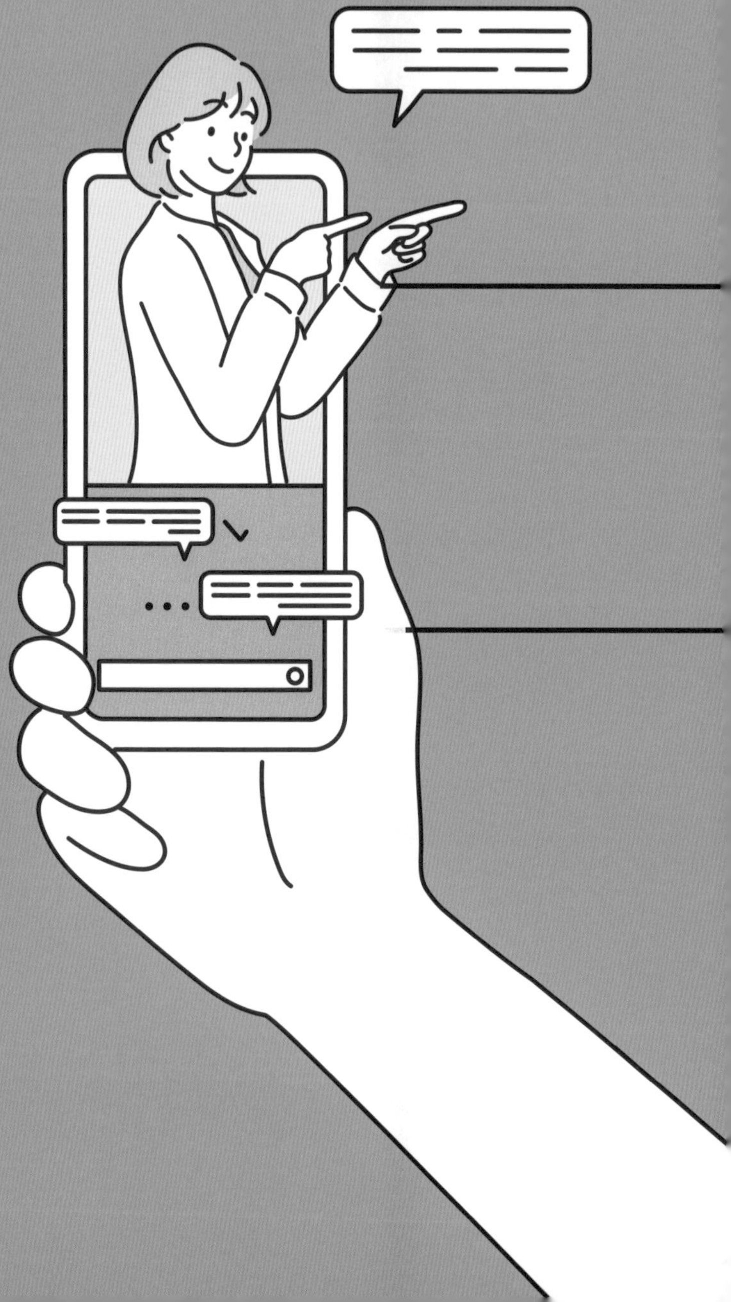

PART 2

엄마를 위한 핵심 주식 공부법

주식 투자는 하고 싶은데, 잘 몰라서 시작하지 못하는
주린이들을 위해 주식 투자를 본격적으로 시작하기 전에
꼭 알아야 할 내용들을 담았다. 주식이라는 게 뭔지
감을 잡기에 큰 도움이 될 것이다.

주식에 대해서 얼마나 알고 있나요?

주식 투자를 해야겠다고 마음은 먹었는데, 어디서부터 시작해야 할지 몰라서 시작조차 못 하는 분들이 많다. 그런 분들을 위해 주식의 가장 기본적인 개념을 짚고 가려고 한다. 주식 투자를 하기 위해 알아야 할 기본 중의 기본 내용만 담았다.

도대체 주식이 뭔데?

'주식'이란 말은 수없이 많이 들어봤고, 대충 어떤 건지는 알겠는데 정확하게 아는 사람은 많지 않다. 주식을 제대로 이해하려면 '주식회사'에 대해서 먼저 알아야 한다.

주식회사는 현재 가장 일반적인 기업 형태로 '사장=회사'와는 구조가 많이 다르다. 사장이 곧 회사인 개인 회사는 회사 투자금도 사장이 준비하고, 회사 내 의사 결정도 사장이 한다. 하지만 주식회사는 다르다. 회사 투자금도 사람들에게 받고, 회사 내 의사 결정도 사람들의 의견에 따른다. 드라마나 영화에서 대기업이 어떤 결정을 할 때 많은 사람들이 큰 회의실에 앉아 있는 장면을 본 적이 있을 것이다. 바로 그게 주식회사의 형태라고 보면 된다.

그때 의사 결정을 하는 사람들이 '주주'이고, 그 주주들이 가지고 있는 게 바로 '주식'이다. 즉 주식은 주주들이 기업에 투자를 한 투자금의 증표인 셈이다. 내가 그 주식회사의 주식 1개를 샀다면 1만큼 기업에 투자한 것이고, 주식 100개를 샀다면 100만큼 투자한 것이다.

주식회사와 주식에 대해 좀 더 쉽게 설명해보자. 여기 로봇이 있다 예를 들어, 이름이 '삼성'인 로봇이 있다고 가정하자. 이 로봇은 회사를 위해 세금도 내고 발전을 위해 공장 부지도 매입한다. 그런데 로봇은 혼자 판단하고 결정해서 움직이지 못한다. 반드시 누군가의 조종이 필요하다. 이 로봇의 조종키는 한 사람이 갖고 있지 않고, 주주들이 한데 모여서 주주총회를 한 후 그 결과로 움직인다. 그리고 이 회사의 사장은 월급을 받으면서 주주총회의 결과와 여러 가지 정보들을 취합해서 손가락을 움직여 로봇을 조종하는 역할만 한다. 기업이 중차대한 결정을 앞두고 있을 때 의견을 말하고, 회사의 조종키에 한몫 거들 수 있는 권한을 '주식'의 소유로 결정하는 것이다. 결국 내가 한 회사의 주식을 산다는 것은 그 회사에 '투자'하는 것이고, 투자한다는 것은 회사의 경영에 '참여'할 수 있는 권한을 주는 것이다.

다만 워낙 주식의 수가 많고, 투자 금액이 큰 사람들도 많아서 소액 투자자의 경우 회사의 어떤 문제나 결정에 큰 영향을 미친다는 생각보다는 잘 굴러가는 회사에 숟가락을 얹는 정도로 생각하면 된다. 이 회사가 앞으로 승승장구해서 주식 가격이 올라가고, 그러면 그 회사에 투자한 내 자산도 더불어 올라가므로 재테크의 한 분야라고 생각하면 된다.

주식의 역할과 권리

주식은 회사의 중요한 일에 대한 결정권을 '주식 개수/총 발행 주식

수'만큼 가질 수 있는 '권리문서'다. 주식을 매수하는 순간 투자자는 주주가 되고, 주주는 수익을 내는 투자자임과 동시에 이 회사의 주주총회에 참석해 의결을 표할 권리의결권와 배당을 받을 권리를 갖는다.

예를 들어, 삼성전자의 주식을 매수했다면 삼성전자라는 로봇의 조종키를 조작할 권리의결권를 얻게 되고, 삼성전자 로봇이 돈을 벌면 그중 얼마를 받아가는배당 권리를 갖게 되는 것이다.

사실 주식이라는 것은 생각보다 굉장히 큰 권한을 가진다. "조종키 맡길 월급쟁이 사장 누구로 할래?" "이번에 우리주주들가 먹을 배당 몇 퍼센트로 할까?" "저 기술에 투자할까 말까?" 이러한 회사의 주요 회의들에 내 의견을 말할 수 있는 권리, 이 굉장한 힘이 바로 주식의 권리다.

물론 우리나라는 주식을 많이 가진 TOP 순위권 주주들이 대부분의 중요 의견들을 독식하고, 주요 주주들이 이미 회사 내부에서 고위직함을 갖고 있는 경우가 많다. 외부 투자자들은 소액의 주식을 가지고 있거나 빠르게 사고팔아 집계조차 힘든 단타 투자자가 많다 보니 주식 투자자로 주식을 접근하는 순간, 주식이 가지는 기본 권리에서는 멀어지는 아이러니한 사태가 일어나기도 한다.

주식의 종류는?

보통주, 우선주, 우량주, 공모주, 가치주 등 주식 뉴스를 보면 헷갈리는 게 한두 가지가 아니다. 주식은 주식인데 무슨 종류가 이렇게 많은지 복잡해서 시작을 못 하겠다. 하지만 주식의 종류가 다양하다고 해서 미리 겁먹을 필요는 없다. 이름만 들어도 대충 짐작할 수 있기 때문이다.

보통주와 우선주

보통주는 우리가 알고 있는 일반 주식이다. 우리가 매일 뉴스에서 본 주식 종목 이름을 떠올려보자. 카카오, 삼성전자, SK하이닉스, 현대차, LG화학, 네이버, 셀트리온, 매일유업, 빙그레 등 이런 종목들이 보통주다.

그럼 우선주는 무엇일까? 종목 이름 끝에 '우'가 붙은 걸 보았을 것이다. 삼성전자우, 현대차우, LG전자우, 대한항공우 등이 우선주다. 여기서 궁금증이 생긴다. 보통주와 우선주의 차이는 무엇일까?

우선주는 주식을 사면 따라오는 2가지 권리 중 하나를 포기하고 하나에 집중한 주식이다. 예를 들어, 내가 삼성전자 1주를 사면 나는 삼성전자의 주주로서 의결권과 배당받을 권리를 갖지만, 삼성전자우를 사면 의결권은 없고 배당받을 권리만 갖는다. 의결권이 없는 대신 보통주보다 배당을 더 많이 주는 게 우선주의 특징이다.

간단히 말해 나는 기업에서 일어나는 일에는 관심 없고, 기업이 운영을 잘 해서 돈 잘 벌면 주는 배당금을 많이 받고 싶다면 우선주를 선택하면 된다.

보통주와 우선주의 차이점

	보통주	우선주
배당	O	보통주 배당금 + α
의결권	O	X

이렇게 물어볼 수 있다. "주주총회는 관심 없는데, 그럼 우선주가 더 좋은 건가요?" 정답은 없지만 개인적으로 꼭 그렇지 않다고 말하고 싶다. 다음 예를 보자.

삼성전자 보통주와 삼성전자 우선주

삼성전자 : 1주 가격 약 80,000원
삼성전자우 : 1주 가격 약 70,000원
(2020년 12월 말 주가 기준)

삼성전자 : 배당금 1,932원
삼성전자우 : 배당금 1,933원
(2020년 기말 배당 기준)

우선주가 보통주보다 배당을 좀 더 주지만, 그 차이는 아주 미미하다. 만약 1,000만 원으로 삼성전자우에 투자한다면 삼성전자보다 약 17주를 더 살 수 있으니 수익을 더 볼 수 있지만, 그건 어디까지나 시세 차이가 나서 수량을 더 많이 가진 차이로 오는 수익일 뿐 배당에는 거의 차이는 없다.

차이점이 한 가지 더 있다. 우선주는 보통주에 비해 거래량이 현저하게 낮다. 거래량과 관련한 내용은 뒤에서 좀 더 자세하게 설명하겠지만 주식 투자에서 거래량은 아주 중요하다.

국내 주식은 배당이 그렇게 높지 않다. 그렇다 보니 굳이 우선주를 선택할 필요가 없고, 그로 인해 우선주를 사고팔려는 사람이 많지 않다. 사고팔려는 사람이 많아야 거래도 술술 잘 되는데, 우선주는 대체로 보통주보다 거래량사람이 많지 않아 거래가 상대적으로 원활하지 않다. 그래서 나는 왕초보 주식 투자자에게는 가급적 보통주 거래를 추천한다물론 거래량이 활발한 우선주도 있다. 거래량이 많아야 일단 사거나 팔 텐데, 거래량이 없는 곳에서는 내가 주식을 팔려고 해도 주식을 사려는 사람이 없으니 팔리지 않는다.

삼성전자 보통주 주가

삼성전자 우선주 주가

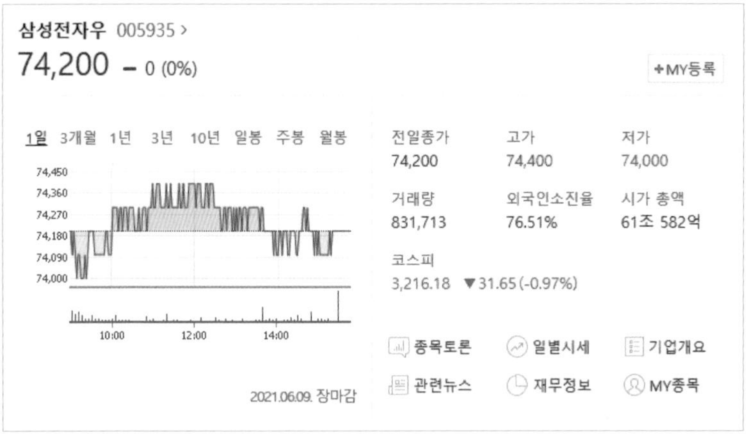

우량주

우량주는 말 그대로 튼튼하고 큰 종목이다. 다른 기업에 비해 시가총액이 크고 수익성과 성장성이 높은 기업들 중에서 재무적 안정성을 확보한 회사를 말한다. 흔히 우리가 대기업이라고 부르는 기업들이 우량주에 속한다.

투자 좀 하신다는 분들, 자산 좀 많으시다는 분들이 짠 포트폴리오를 보면 우량주를 중심으로 이루어진 경우가 많다. 우량주가 당장의 수익은 낮아도 안정적이기 때문에 안전한 자산을 배치하기 위한 수단이 되기 때문이다.

성장주

반대로 중소기업, 벤처기업 같은 종목들 중 앞으로의 발전이 기대되는 종목들을 성장주라고 하고, 그중 평가가 절하된 것들을 저평가 성장주라고 한다. 이런 종목들은 주로 하이리스크, 하이리턴의 개념으로 분류된다.

공모주

주식회사가 자금을 조달하기 위해 주주를 공개적으로 모으는 것을 공모주라고 한다. 기업이 더 커지기 위해서는 더 많은 투자가 필요한데, 기업이 투자자금을 모으는 방법 중 하나가 상장, 공모주 발행이다.

주식 시장은 어디인가?

주식 투자를 하려면 주식이 거래되는 시장을 알아야 한다. 주식 시장은 크게 2가지로 나뉜다. 대표적인 게 코스피KOSPI와 코스닥KOSDAQ이다. 두 시장을 비교하면 코스피는 형님반, 코스닥은 동생반이라고 볼 수 있다.

코스피 종목 수는 803개, 코스닥 종목 수는 1,484개로 종목 수는 코스닥이 더 많지만, 자금 규모는 코스피가 2,056조, 코스닥이 364조로 코스피가 압도적으로 높다2021년 3월 기준. 코스피는 연간 최소 1,000억 원 이상의 매출과 50억 원 이상의 순이익, 자기자본금 300억 원 이상 등의 자격조건을 갖추어야 해서 자금 규모가 큰 대기업, 제조업 기업이 많다. 코스닥은 중소기업, 벤처기업의 주식이 거래되는 시장으로 기술주 중심으로 이루어져 있고, 연매출 100억 원, 순이익 20억 원 등의 자격조건을 갖추어야 한다.

코스피 시장에는 삼성전자, SK하이닉스, 현대차, 셀트리온 등 우리가 흔히 아는 대기업들이 있다. 코스닥 시장에는 맘스터치, 삼천리자전거, PN풍년 등이 있다.

이 밖에 비상장 주식 시장도 있다. 동생반인 코스닥 시장에 상장할 정도의 요건은 아니지만 유망한 벤처기업이나 중소기업의 주식이 거래되는 시장이다. 주로 증권사 영업점에서 매매가 이루어진다.

Plus Page +

핫한 만큼 조심해야 하는 공모주 청약

작년부터 공모주 청약이 아주 핫하다. 카카오게임즈, 빅히트엔터테인먼트현 하이브, SK바이오팜, SKIET 등 작년부터 올해까지 주식 시장을 뜨겁게 달구고 있다. 배정만 받으면 대박이라고 부르는 공모주 청약이라는 게 도대체 뭐길래, 이렇게 사람들이 열광할까?

공모주 청약이란 기업이 주식을 상장할 때 투자자가 "그 주식 내가 살게요" 하면서 신청하는 것을 말한다. 대부분 회사가 법인을 설립할 때 대표나 사장, 부사장, 투자자 등 몇몇의 주요 인물들이 그 회사의 주식을 독차지하게 된다. 그러다 상장하면 기업공개를 통해 기업을 소개하고 일반인들을 대상으로 주식을 매각하는데, 그것이 공모주 청약이다.

이때 매각되는 주식은 가격이 정해져 있지 않다. 여러 전문가들과 상장 절차를 통해 주식의 가격과 매각할 주수를 정하고, 이 모든 게 정해지면 그때서야 "이 주식 사실 분?" 하고 공모주 청약을 한다.

공모주 청약은 잘만 하면 '따상따블+상한가를 뜻하는 말로 신규 상장 종목이 첫 거래일에 시초가가 공모가 대비 2배로 형성된 뒤 가격제한폭까지 오르는 것을 뜻함', '따따상따상한 종목이 그다음 날 또 상한가로 오르는 것을 뜻함'을 하기 때문에 어느 재테크보다도 단기간에 높은 수익률을 자랑한다. 그래서 주식 투자자들에게 언제나 이슈지만, 그만큼 주의해야 할 점도 많다.

2020년 공모주 청약 '카카오게임즈'를 예로 들어보자. 작년은 개미투자자들이 시장이 대거 들어오기 시작한 때였다. 그래서 카카오게임즈의 공모주 청약에도 개미투자자들이 몰리면서 청약 바람이 일어났다.

카카오게임즈 차트

자투리 TIP!

주식 시장은 시장의 보호를 위해 주식 가격의 상승 하락 폭에 하루 30% 제한을 둔다. 또 변동성완화장치(VI)를 두어 장 중 주가에 급격한 변동이 생기면 단일가 거래로 전환시키기도 한다.

하지만 차트에서 보이는 것처럼 카카오게임즈는 주가 상장 첫날 엄청나게 치솟아서 9만 원 가까이를 찍더니, 그 후로 쭉쭉 떨어졌다. 아마 이때 공모주 청약에 참여했다면 기억할 것이다. 공모주가 모두 이런 차트를 보이는 건 아니다. 하지만 최근 진행됐던 공모주들이 대개 비슷한 양상을 보이면서 공모주 고평가 논란이 있으니 공모주 청약을 넣을 때는 주의가 필요하다.

사람들에게 공모주 청약이 마치 무조건 대박 나는 복권처럼 평가되면서, 영끌'영혼까지 끌어모은다'의 줄인 말로, 현재 가지고 있는 자산을 최대한 끌어모은다는 뜻 투자를 하거나, 다들 하는 것 같은 분위기에 휩쓸려서 '나도 한번 해볼까?'하는 마음에 청약을 넣기도 하는데, 너 나 할 것이 일단 하고 보자는 식의 '묻지마 투자'는 안 하는 게 좋다. 내가 잘 알지 못하는 기업인데 남들이 다 한다고 하니까 따라서 무턱대고 청약을 했다가 상장일에 떡락갑작스러운 하락세를 강조해서 부르는 말하는 차트를 볼 수 있고, 시장에서 외면당해 주가가 움직이지 않을 수도 있고, 하락할 수도 있다. 그래서 매도하지도 못하고 강제 장기투자를 하게 될 수도 있다.

공모주는 100% 기대감으로 주가가 움직인다. 또한 상장 후 초반 시장의 반응에 따라 희비가 극명하게 갈리기 때문에 영끌하거나 빚을 내서 청약에 참여하는 것은 조심하는 게 좋다. 만약 공모 전부터 상장하기만을 기다렸던 기업이 있다면, 상장 초반에 매수하기보다는 어느 정도 안정권에 들어섰을 때시장 평가가 이루어진 후 판단해서 매수하는 걸 추천한다.

Plus Page +

코스피지수가 왜 중요하죠?

"오늘 코스피지수가 몇이다", "코스피지수가 사상 최고치다"라는 뉴스를 볼 때가 있다. 주식 투자를 할 때 코스피지수가 중요하다는 건 알겠는데, 도대체 그게 왜 중요한 걸까?

코스피는 앞서 이야기한 것처럼 국내 주식에서 형님반에 속하는 주식들을 거래하는 시장이다. 그 시장에는 삼성전자, SK하이닉스, 카카오, 네이버, 현대차 등 대기업들의 주식이 거래되는데, 코스피지수는 그 기업들의 주식 가격을 종합해서 나타낸 지수를 말한다.

이 지수가 왜 중요한지 생각해보자. 우리나라에서 형님반에 속하는 잘나가는 대기업들이 돈도 잘 벌고 승승장구해서 실적이 좋다면? 심지어 그런 회사들의 숫자가 많다면? 대기업에게 일을 받는 중소기업, 하청기업들도 덩달아 잘될 것이고, 그러면 피부에 와 닿는 정도로는 직원들에게 상여금, 보너스가 떨어질 것이고, 그렇게 돈이 돌고 돌면 당연히 나라 경제가 좋아질 것이다.

그러니 자연히 나라 경제를 이야기할 때 코스피지수는 빠질 수 없다. 주식 투자를 할 때는 코스피지수를 항상 주목해야 하고, 이 지수가 주가의 전반적인 동향을 나타내기 때문에 이를 근거로 투자 여부를 결정할 수 있다.

하지만 코스피지수는 많은 종목을 비교하고 평균화한 것이라는 사실을 잊어서는 안 된다. 가끔 코스피지수는 높은데 내가 투자한 분야의 주가는 떨어진다거나 그 반대가 되기도 하므로, 시장을 파악하는 정도로만 이해하면 된다.

코스피지수

코스피200 : 한국 증권시장에 상장된 대표 기업 중 200개의 기업 시총을 지수화한 것

코스닥150 : 코스닥 시장에 상장된 기업 중 시장 대표성, 섹터 대표성, 유동성 기준으로 선정된 150개 종목의 시총을 지수화한 것

주식 투자 하기 전 준비 운동

주식이라는 게 뭔지는 대충 알았고 시장도 알았으니, 이제 주식 투자를 시작하는 첫 번째 단계에 들어가보자. 주식을 시작하려면 우선 간단한 준비 운동과 준비물이 필요하다. 이제부터 차근차근 따라오면 된다.

주식은 어떻게 거래될까?

상장된 주식을 사고파는 것은 전적으로 증권거래소인 한국거래소를 통해서 이루어진다. 그런데 증권거래소에서는 회원권을 가진 증권사만 주식 거래를 할 수 있다. 즉 개인 투자자가 직접 증권거래소에 가서 주식을 사고팔 수 없다는 말이다.

그런데 여기서 좀 이상하다. 주식을 거래하는 증권거래소에서 거래할 수 없다니? 개인 투자자들은 주식 거래를 하려면 거래소가 아닌 증권사를 통해서 해야 한다. 한국투자증권, NH투자증권, 미래에셋증권 등 증권사들은 투자자들이 주식 거래를 할 수 있도록 도와주고 그 대가로 수수료를 받는다. 주식 거래를 할 때 수수료가 발생하는 이유가 바로 여기에 있다. 따라서 주식 투자를 하고 싶다면 여의도 증권거래소에 갈 필요 없이 컴퓨터에 홈트레이딩시스템Home Trading System, HTS을 깔거나, 휴대폰에 증권사 앱인 모바일트레이딩시스템Mobile Trading System, MTS을 깔면 된다.

주식 거래 시간은?

은행 업무 시간과 거의 동일하다고 생각하면 기억하기 쉽다. 정규 거래 시간은 평일 오전 9시부터 오후 3시 30분까지다. 주말과 공휴일에는 모두 쉰다. 내가 엄마로서 주식하는 데 가장 편했던 점이 바로 거래 방법과 거래 시간이다. 휴대폰에 MTS만 깔면 거래를 할 수 있고, 아이들이 어린이집, 학교에 갔을 때 집안일을 하면서도 충분히 거래할수 있는 시간이라 좋다.

주식 거래 시간		
장전/후 동시호가	8시 30분 ~ 9시 15시 20분 ~ 15시 30분	
정규 시간	9시 ~ 15시 30분	
장전/후 시간 외 종가	8시 30분 ~ 8시 40분 15시 40분 ~ 16시	장전 : 전일 종가로 거래 장후 : 당일 종가로 거래
시간 외 단일가	16시 ~ 18시	10분 단위로 체결, 당일 종가 대비 ±10% 가격으로 거래

정규 거래 시간 외 거래일 때는 체결 규칙들이 조금씩 있다. 동시호가의 경우 규칙이 특히 까다로운데, 보통 장전 동시호가보다 장후 동시호가가 거래량이 많다. 동시호가는 매매를 걸면 마감 때 체결/미체결 알람이 뜬다. 시간 외 종가, 단일가는 거래량이 없는 편인데, 보통 장 마감 후 빅 이슈가 떴을 때 활발해진다.

주식 투자를 할 때 잊어서는 안 될 세금과 수수료

주식을 거래하면 세금과 수수료가 붙는다. 매수할 때도 붙고, 매도할 때도 붙는다. 앞서 이야기한 것처럼 우리가 거래소와 직접 거래할 수 없으므로 그 대행업체라 할 수 있는 증권사에 일정 수수료를 떼어주면서 편하게 거래를 하는 것이다. 마치 은행에서 돈을 인출할 때 ATM기기에서 돈을 찾으면 더 편하지만 수수료가 붙는 것과 비슷하다고 생각하면 된다.

수수료는 증권사마다 조금씩 다르고, 세금으로 증권거래세를 내야 한다. 만약 배당을 받게 되면 배당금에서 마치 적금 이자를 받을 때 세금 떼는 것처럼 15.4%를 세금으로 낸다. 그리고 안타까운 소식이지만 2023년부터는 양도세까지 추가로 붙을 예정이다. ※이 책에서 예시로 보여주는 NH투자증권 MTS에서는 '비용 포함' 버튼을 클릭해두면 비용과 제세금이 빠진, 실제로 내가 얻을 수 있는 수익과 손실이 표시된다. 그것을 보면 미리 금액을 알 수 있어서 매도 후 세금과 수수료 때문에 손해 보는 일은 없다.

주식 거래를 할 때 알아야 할 수수료와 세금

비용과 세금	매수 수수료	매도 수수료	증권 거래세	양도 소득세	배당 소득세	금융소득 종합과세
내용	주식을 살 때 내는 수수료	주식을 팔 때 내는 수수료	주식 거래 시 부과되는 세금	주식 매매 차익금에 대해 부과되는 세금	배당금에 붙는 세금	개인별 연간 금융소득이 2,000만 원을 초과하는 경우 금융소득을 다른 종합세와 합산하여 누진세로 적용하는 세금
비율	증권사별 상이	증권사별 상이	매도금의 0.23%	주식 투자 수익이 5,000만 원 초과 3억 원 이하 시 이익금의 20%, 3억 원 초과 시 25%(2023년부터)	배당 소득의 15.4%	금융소득액에 따라 다름
시기	주식 매수 시	주식 매도 시	주식 양도 시 원천징수	반기별 신고납부(2023년부터 부과 예정)	배당금을 받을 때 원천징수	금융소득종합과세 시기에 함께 신고(5~6월)

금융소득종합과세 누진세율

과세표준(월)	세율	누진공제(원)
1,200만 원 이하	6%	0
1,200만 원 초과 ~ 4,600만 원 이하	15%	1,080,000
4,600만 원 초과 ~ 8,800만 원 이하	24%	5,220,000
8,800만 원 초과 ~ 1.5억 원 이하	35%	14,900,000
1.5억 원 초과 ~ 3억 원 이하	38%	19,400,000
3억 원 초과 ~ 5억 원 이하	40%	25,400,000
5억 원 초과 ~ 10억 원 이하	42%	35,400,000
10억 원 초과	45%	65,400,000

주식 투자, 어디서 해야 하나요?

주식을 사고팔 때 여러 가지 방법이 있다. 직접 하는 방법으로는 컴퓨터에 HTS를 깔거나, 휴대폰에 MTS를 깔아서 직접 매수, 매도를 하면 된다. 증권사 ARS를 이용해도 되고, 증권사 직원을 통해 거래하는 방법도 있다.

HTS(Home Trading System)

컴퓨터에서 주식을 사고팔 수 있는 주식 매매 프로그램이다. 증권사 홈페이지에서 다운받을 수 있다. HTS의 장점은 차트를 정밀하게 분석할 수 있고 실시간 뉴스, 실시간으로 거래량이 몰리는 종목들, 매물대 수치를 보며 정밀 분석을 할 수 있다는 점이다. 더불어 증권사별 리포트나 참조 정보들도 풍부하게 볼 수 있다.

MTS(Mobile Treading System)

이 책에서 주로 설명하는 시스템으로, 휴대폰으로 쉽고 간편하게 주식 거래를 할 수 있는 주식 매매 프로그램이다. 앱으로 되어 있어 쉽게 다운받아 사용할 수 있고, 최근에는 로그인 간소화로 인해

패턴, 6자리 Pin문자, 지문 등으로 더욱 쉽게 주식을 거래할 수 있다. 대부분의 정보가 간략하게 요약되어 있으며, 가장 큰 장점은 언제 어디서든 주식을 사고팔 수 있다는 점이다. 또한 최근 MTS 수요가 늘어나면서 수수료가 가장 낮아졌고 간간이 평생 무료 수수료 이벤트도 열린다.

이외에도 ARS를 사용해 주식을 매수하거나 증권사 직원을 통한 주식 매매법이 있지만, 이 방법은 거의 쓰이지 않고 수수료도 굉장히 비싸다.

어떤 증권사를 선택해야 할까?

이제부터 본격적으로 주식 투자를 하겠다면 증권 계좌를 만들어야 한다. 앞서 말한 것처럼 HTS를 이용하든 MTS를 이용하든 상관없다. 자신에게 잘 맞는 걸 사용하면 된다. 주식 강의를 할 때 증권 계좌 만드는 것을 과제로 내면 다들 어느 증권사가 좋은지 물어본다. 그런데 증권사는 어디가 좋고 나쁘고를 판단하기 어렵다.

은행을 떠올리면 이해가 쉽다. 어떤 은행이 좋은지 떠올려보면 된다. 자신의 집에서 가깝거나 출금 수수료가 없거나 이자가 높은 은행과 거래하듯 증권사도 마찬가지다. 어떤 증권사의 프로그램이 나에게 더 잘 맞는지, 거래 수수료는 어디가 저렴한지 등을 판단의 기준으로 삼으면 된다.

나에게 맞는 증권사는 어디?

모든 증권사를 소개하기는 어려워서 내가 주로 사용하는 증권사를 기준으로 그 방법을 소개한다.

증권사 MTS

먼저 키움증권은 HTS 교육이 체계적이고 상시모의투자를 운영하고 있으며 가장 많은 유저주식 투자자를 보유하고 있는 증권사다.

그다음으로 한국투자증권과 미래에셋대우증권의 사용자가 많다. 한국투자증권 역시 상시모의투자를 운영하고 있는 곳이다. NH투자증권은 MTS의 인터페이스가 쓰기 쉽고 깔끔하며 확인 가능한 정보가 많아 개인적으로 선호한다. 그 외에 KB증권, 유진투자증권, 신한금융투자, 삼성증권, 하나금융투자 등 굉장히 다양한 증권사가 있다.

최근에는 증권사를 선택할 때 가장 큰 기준으로 삼는 것이 2가지다.

1. 인터페이스가 보기 편하고 쓰기 편한가?
2. 수수료가 저렴한가?

이외에 공모주 청약이 가능한지 여부도 증권사 결정에 영향을 미친다. 하지만 공모주는 항상 있는 게 아니기 때문에 청약의 가능 여부가 큰 기준이 되지는 않는다.

각 증권사의 인터페이스는 사람마다 취향이 다르고 사용하는 방법도 다르기 때문에 어디가 특별히 좋다고 추천하기가 어렵다. 두세 군데 증권사 매매 프로그램을 깔아서 사용해보고 자신에게 맞는 걸 찾는 게 좋다.

증권사별 수수료(100만 원 매매했을 때 1회 수수료)

HTS : 키움증권(150원) < KB증권(1,270원) < 미래에셋대우증권(1,400원) < 대신증권(2,372원) < NH투자증권(2,440원) < 메리츠증권(2,881원) < 삼성증권(2,973원)

MTS : 키움증권(150원) < 메리츠증권(221원) < KB증권(1,200원) < 미래에셋대우증권(1,400원) < 대신증권(1,973원) < NH투자증권(2,470원) < 삼성증권(2,973원)

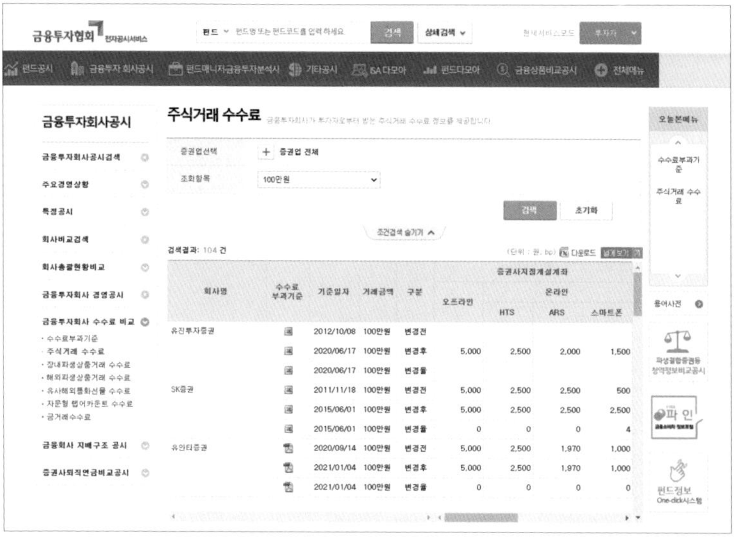

증권사 수수료는 금융투자협회(www.kofia.or.kr)에서 확인하면 좀 더 정확한 정보를 찾을 수 있다.

그리고 한 가지 더! 요즘에는 증권사마다 계좌를 개설하면 수수료 평생 무료 혜택, 국내 주식 1주 증정, 포인트나 기프티콘 등을 주는 이벤트도 있으니 계좌를 만들기 전에 어떤 이벤트를 진행하고 있는지 찾아보고 개설하면 좋다. 또한 네이버페이나 페이코payco 등을 통해서 증권 계좌를 개설해도 포인트를 추가로 주는 혜택이 있으므로 이것도 놓치지 말자.

증권 계좌 개설 후에는 은행의 입출금 거래와 동일하다. 증권 계좌에 주식 투자를 할 돈을 입금하면 주식 투자 준비는 완료된 것이다.

※ CMA 계좌와 주식 매매 계좌는 원래 별개다. 그런데 증권사에 따라 CMA와 주식 매매 계좌가 합쳐진 곳도 있다. 증권사마다 한 계좌가 CMA 계좌인 동시에 주식 매매 계좌일 수도 있고 별개일 수도 있으니 계좌를 개설할 때 잘 살펴보는 게 좋다.

Plus Page +

MTS 가입하는 법

증권사나 은행을 방문할 필요 없이 간편하고 빠르게 휴대폰으로 주식 계좌를 개설할 수 있다. NH투자증권의 예를 들어 휴대폰에 MTS를 다운받는 것부터 계좌를 개설하는 방법을 설명하겠다.

온라인 계좌 개설

개설 가능 시간 : 23시간(23:30 ~ 00:30 제외)

준비물 : 신분증(주민등록증 또는 운전면허증), 휴대폰

1. 휴대폰의 플레이스토어나 앱스토어에 들어가 검색창에 '나무' 혹은 'NH투자증권'을 검색한다.
2. 앱을 다운받아 설치한다.
3. 앱을 열면 첫 화면의 '계좌개설 바로하기'를 누른다. 신분증과 타행계좌번호를 준비한다.
4. '종합매매계좌'를 누른다.
5. 본인 확인을 위해 '이름', '주민등록번호'를 입력한다.
6. 인증번호를 받기 위해 통신사와 휴대폰 번호를 입력한다.
7. 문자로 받은 인증번호를 입력한다.
8. 계좌정보 확인 약관 동의 후 고객정보를 입력하고, 신분증 촬영을 한다.
9. 본인의 타행계좌번호를 입력한 후, 입금자명에 적힌 숫자 3개를 입력해서 인증한다.
10. 계좌 비밀번호 4자리를 설정하면 계좌 개설이 완료된다. 이때 '간편 인증번호' 6자리를 함께 등록하면 더욱 편리하다.

주식 계좌에 입금하기

NH투자증권을 예로 들면, 2가지 방법으로 입금할 수 있다.

1. 앱에서 'HOME' 〉 '나의자산' 〉 '채우기' 〉 투자금을 가져올 계좌 등록 〉

설정한 6자리 간편인증번호 입력 후 '가져오기'로 나의 타행계좌에서 원하는 금액을 NH투자증권로 입금할 수 있다.

2. NH투자증권 앱에서 나의 계좌번호를 확인한 후, 타행에서 계좌 번호 입력 후 직접 입금할 수 있다.

MTS 파헤치기

주린이를 위한 MTS 사용법

MTS를 깔긴 깔았는데, 탭도 많고 메뉴도 많아서 어디부터 봐야 할지 모르겠는 분들을 위해 MTS를 하나씩 살펴보려고 한다. 모든 항목을 다 소개하기는 어렵지만, 주식 거래를 할 때 필요한 항목을 모두 소개하려고 하니 주식을 모른다고 겁내는 분들도 이 내용만 보면 어느 정도 감은 잡을 수 있을 것이다. NH투자증권 MTS를 예로 들어서 설명해보겠다.

MTS 첫 화면

'트레이딩', '상품·솔루션', '나의자산' 탭으로 나뉘어 있다. 트레이딩 첫 화면에서는 코스피와 코스닥, 미국 S&P500과 나스닥 등의 지수를 한눈에 파악할 수 있으며, 실시간으로 종목 순위를 보면서 증시 현황을 확인할 수 있다.

국내 증시에 영향을 끼치는 미국의 증시 지수는 물론 국내 증시 지수의 현황과 현재 장을 이끌고 있는 종목, 거래량이 많은 종목, 상

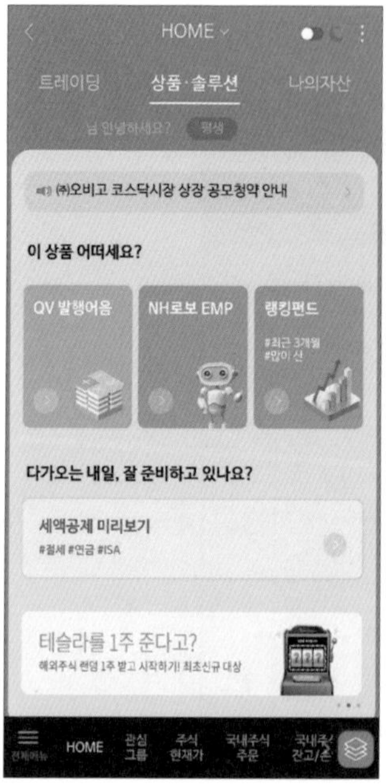

승률이 높은 종목, 외국인과 기관이 순매수하는 종목들의 순위를 첫 화면에서 한눈에 확인할 수 있다.

'상품·솔루션'은 NH투자증권에서 판매하는 상품ELS, 어음 등을 볼 수 있고, '나의자산'에서는 예수금, 손익, 수익률 등을 확인할 수 있다. 처음에는 모든 게 생소해서 낯설고 어려워 보이겠지만 자주 보다 보면 곧 눈에 익숙해질 것이다.

관심그룹

'관심그룹' 탭에는 내가 검색한 종목 중에 '관심종목'으로 추가한 종목만을 모아서 볼 수 있다. 여러 종목을 공부할 때 관심종목에 추가하면 차트가 어떻게 변하는지 매일 볼 수 있어서 흐름을 알게 된다. 그리고 '국내 종목 실시간 Best' 항목도 있어서 그날그날 시장이 어떤 종목에 집중했는지도 알 수 있다.

호가

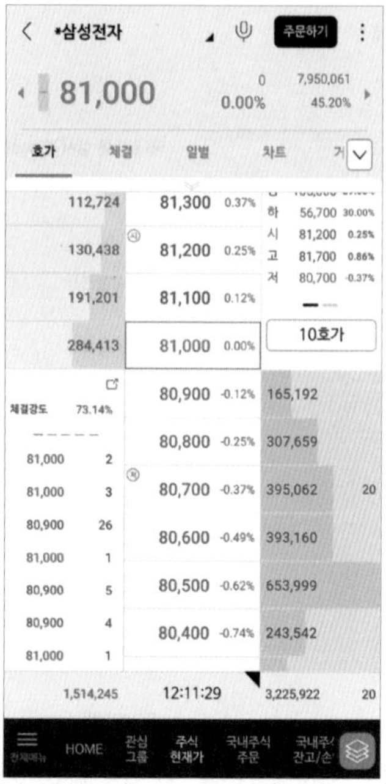

'주식 현재가' 탭에 있는 '호가' 항목은 보통 10개의 가격을 한 번에 보여준다. '상', '하'는 하루에 오르내릴 수 있는 최고/최저 가격을 알려준다. 이 창에서는 사람들이 어떤 가격에 몇 개의 주식을 사고빨강, 판다파랑고 예약해두었는지'매매를 건다'고 표현한다 한눈에 볼 수 있다. 또 몇 개의 주식이 얼마에 매수 대기 중이고, 얼마에 매도하려고 대기 중인지 알 수 있다.

공매도

'일별' 항목에 있는 '공매도'는 없을 공空을 써서 '없는 주식'을 파는 것을 말한다. 없는 주식을 우선 비싼 값에 팔고 나중에 떨어지면 사서 채우는 방식이다. 이 항목에서는 공매도의 거래 정보를 알 수 있다.

일봉차트

MTS를 선호하지 않는 분들의 가장 큰 이유는 HTS보다 MTS에서 상대적으로 차트를 보기가 힘들다는 점 때문이다. NH투자증권의 창은 가로모드가 안 되어서 보기 불편하지만, 키움증권의 MTS는 가로모드가 되어 널찍하게 차트를 볼 수 있다. 캔들 아래 곡선들은 이동평균선으로 보조지표 중 하나다. 일봉차트는 캔들 하나당 하루의 가격 변동을 의미한다.

주봉차트/월봉차트

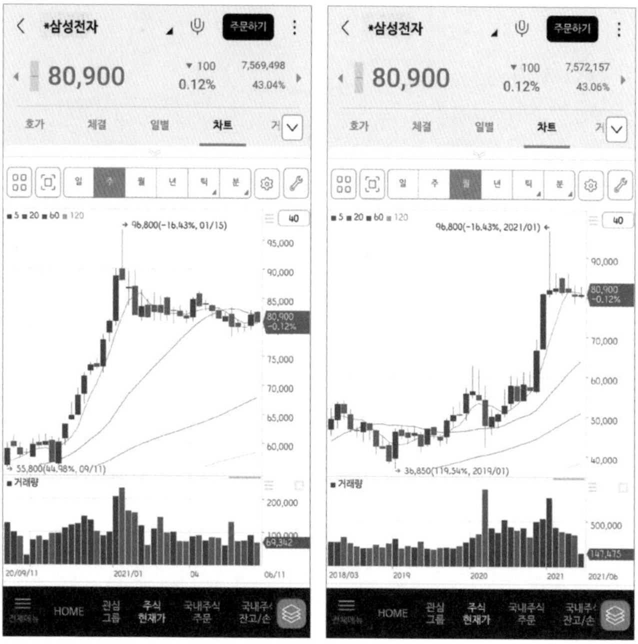

차트에서 '주'를 누르면 주봉차트가 나온다. 주봉차트는 캔들 하나당 일주일의 가격 변동을 의미한다. 월봉차트는 하나의 캔들이 한 달을 의미하기 때문에 보통 큰 추세를 살피거나 해당 종목의 전체 역사를 볼 때 사용하게 된다. 장기투자를 할 때 전체적인 추세 흐름을 파악하기 위해서도 유용하게 쓰인다.

분봉차트/틱차트

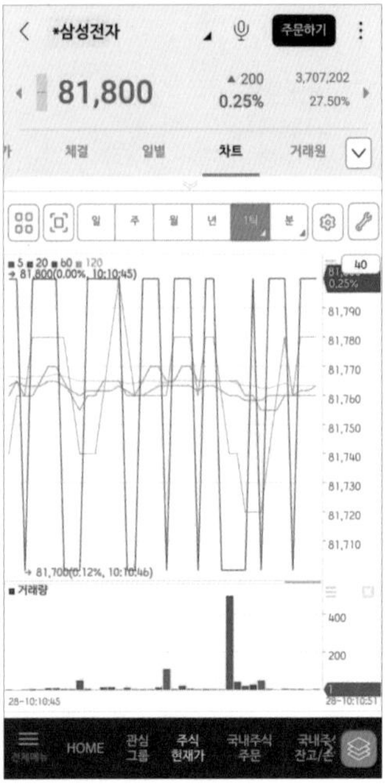

차트에서 분을 누르면 분봉차트가 나온다. 1분, 3분, 5분, 10분, 20분 단위로 있고, 각 시간당 하나의 캔들이 만들어진다. 보통 당일 내 매매를 하는 단타매매나 스윙매매에서 자주 보는 차트다. 틱차트는 호가 하나당 캔들이 만들어지며 틱거래초단타매매를 할 때 사용된다.

뉴스/공시

보통 공시는 다트DART라는 사이트에서 확인을 많이 하지만 HTS나 MTS 모두 공시 사이트와 연동이 되어 바로바로 확인이 가능하다. 공시는 일반적으로 회사가 투자자들에게 알려야 할 의무가 있는 내용들을 공지하는 용도로 사용되며 이런 공시들은 가격 변동에 영향을 주는 것들이 많다. 공시와 함께 여기서는 해당 종목과 연관된 뉴스도 한눈에 살펴볼 수 있다.

투자자

일자	외국인	개인	기관계
2021/06/11	-1,180,000	0	-46,000
2021/06/10	2,451,956	1,957,791	-4,421,004
2021/06/09	521,726	2,196,156	-2,859,758
2021/06/08	-1,039,897	-63,417	1,088,520
2021/06/07	-1,451,425	1,461,049	-65,911
2021/06/04	925,085	1,541,949	-2,508,004
2021/06/03	5,265,197	-9,811,661	4,543,398
2021/06/02	1,615,609	-682,620	-937,675
2021/06/01	31,982	-1,704,273	1,638,663
2021/05/31	3,176,954	-139,464	-3,086,975
2021/05/28	-312,691	-1,682,286	1,966,540

'투자자' 항목에서는 그 종목을 사고 있는 세력을 확인할 수 있다. 주식은 발행된 수만큼만 시장에 존재하므로 외국인과 기관이 샀다면 그걸 판 개인도 존재한다. 또 외국인이 꾸준히 살 수도 있고, 개인이 꾸준히 살 수도 있다. 이는 세력을 파악하는 지표로 쓰일 수 있으나 실시간으로 표시되지는 않는다. 종목별 세력 추이는 자세히 표시되지 않으니 시장 내 세력 추이를 확인하는 게 더 정확하다.

외국인이 샀는지 개인이 샀는지 등 시장 내 세력 추이는 선물옵션 → 매매동향을 보면 좀 더 자세하고 정확하게 볼 수 있다.

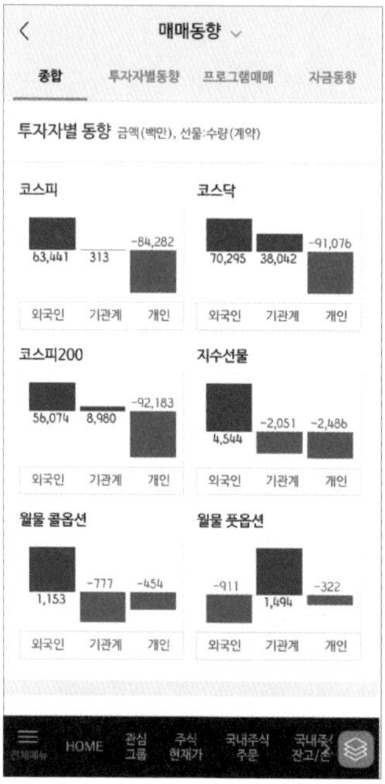

종목상세

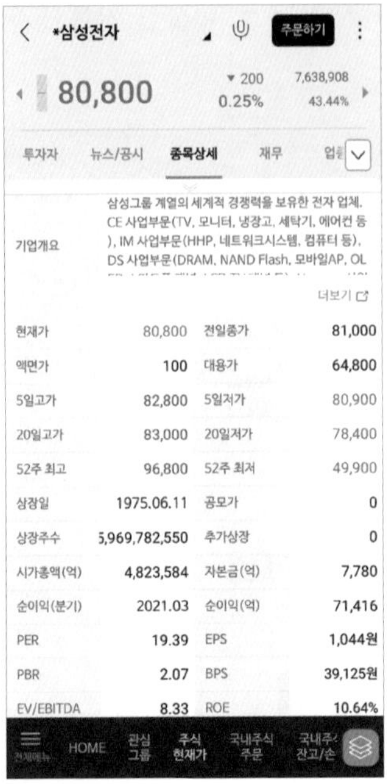

이 항목에서는 아주 친절한 증권맨의 설명을 볼 수 있다. 이 회사가 무엇을 하는 회사인지부터 꼼꼼하게 알려주는데, 이 회사의 규모인 시가총액, PER, PBR, EPS, ROE처럼 주식 투자 시 자주 보는 지표들도 나와 있다. 배당금, 외국인 지분율도 볼 수 있다. 회사를 설명하는 요약본이라 할 수 있다.

재무

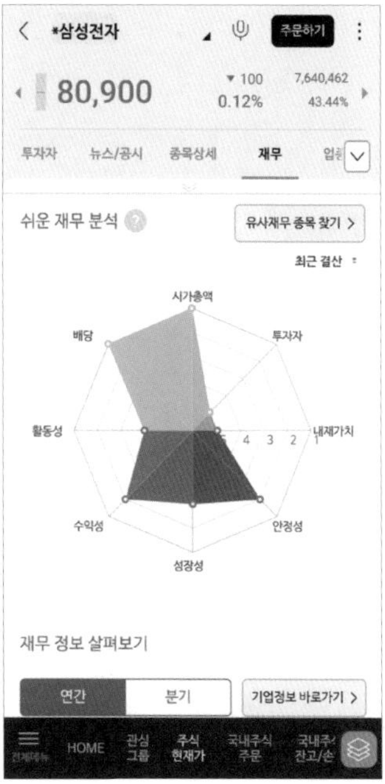

NH투자증권은 재무를 그래프로 표현한다. 재무재표가 어려운 분들에게 기업을 평가, 분석하는 데 큰 도움이 되는 그래프다. 하지만 좀 더 정확한 판단을 하기 위해 재무제표의 숫자로 확인하는 습관을 들이는 게 좋다.

연간 재무제표

재무제표	2018/12	2019/12	2020/12	21년추정
영업이익(억)	588,866	277,685	359,938	491,068
순이익(억)	443,448	217,388	264,078	369,133
EPS(원)	6,024	3,166	3,841	5,384
PER(배)	6.42	17.63	21.09	15.04
PBR(배)	1.10	1.49	2.06	1.93
BPS(원)	35,342	37,528	39,405	42,038
ROE(%)	19.63	8.69	9.99	13.22
ROA(%)	13.83	6.28	7.23	
자산총계(억)	3,393,572	3,525,644	3,782,357	
부채총계(억)	916,040	896,840	1,022,877	
자본총계(억)	2,477,531	2,628,804	2,759,480	
부채비율(%)	36.97%	34.12%	37.07%	37.30%

재무 그래프로 가볍게 훑었다면 재무제표로 꼼꼼하게 확인하자. 재무제표는 기업의 가계부라고 생각하면 쉽다. 종목의 수입영업이익, 매출에서 비용을 제외한 순수익순이익, 기본적인 자금 현황과 대출 비율 등을 알 수 있다.

업종시세

종목명	현재가	등락률	대비	거래량
대유플러스	1,405	2.43%	▼ 35	20,435,233
가온전선	34,500	4.03%	▼ 1,450	103,822
*SK하이닉스	126,500	2.85%	▲ 3,500	1,908,134
*DB하이텍	54,400	0.00%	0	260,940
DB하이텍1우	119,500	0.42%	▲ 500	97
금호전기	3,430	0.44%	▲ 15	143,118
*대한전선	2,940	5.31%	▼ 165	55,907,497
삼화콘덴서	60,100	0.16%	▲ 100	59,393
*세방전지	110,000	0.92%	▲ 1,000	57,490
한솔테크닉스	8,760	0.92%	▲ 80	106,686
써니전자	3,730	1.19%	▼ 45	353,092
삼영전자	13,350	2.20%	▼ 300	41,763

종목의 업계 내 위치를 알기 위해 사용한다. 업종별로 재무의 특성이 있을 수 있고, 비슷한 수준의 체급과 비교해서 내가 선택한 기업이 잘하고 있는지 더 객관적으로 판단할 수 있다. 같은 업종끼리 비교해서 '이 종목은 가계부를 잘 쓰는구나', '이 종목은 업계에서 부진한 편이구나' 등을 체크할 수 있다. PER, ROE 같은 보조지표들도 업계의 보조지표들을 비교해봐야 좀 더 정확하게 판단할 수 있다.

리포트

보통 금융권에 종사하는 애널리스트나 금융AI가 작성하는 경우가 많다. 종목을 공부할 때 전문가들은 어떻게 분석하는지 파악할 수 있는 자료다. AI가 작성하는 비중이 높아지면서 객관적인 사실들을 뉴스처럼 편집해 개시하는 일도 많다.

국내주식 주문

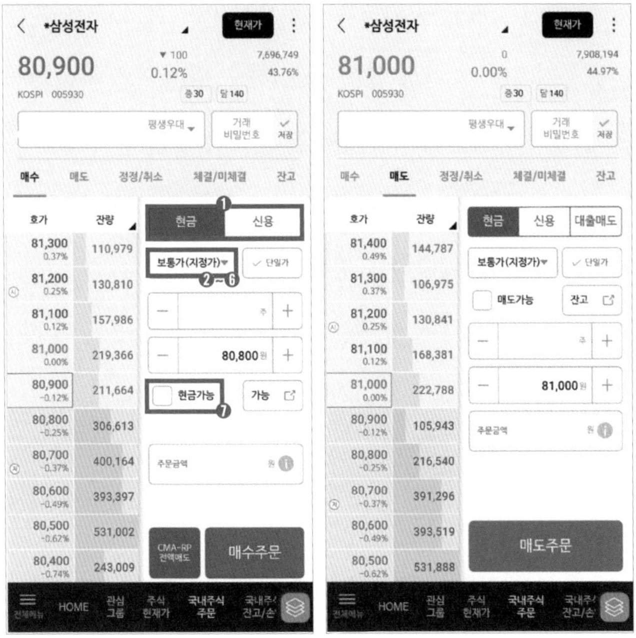

주식 거래를 할 때 가장 많이 누르게 될 탭으로, 주식을 매수하고 매도하는 항목이다.

① 현금/신용 : '현금' 은 말 그대로 계좌에 있는 현금으로 주식을 사는 것이고, '신용'은 마치 신용카드를 쓰는 것처럼 대출을 해서 주식을 사는 것이다. 신용으로 주식을 사는 게 잘못

된 건 아니지만 증권사 신용 대출은 보통 4~7%로 금리가 높은 편이기 때문에 되도록 현금으로 매수할 것을 추천한다.

② 보통가지정가 : 가장 많이 쓰는 매수 방법으로 사려는 주식의 수량과 가격을 내가 지정하는 매수 방법이다.

③ 시장가 : 수량만 지정하고 가격은 지금 가장 빠르게 살 수 있는 가격으로 매수하는 방법이다.

④ 조건부지정가 : 장 중에는 보통가로 주문되고, 장이 마감되면 시장가로 전환되어 체결된다.

⑤ 최유리지정가 : 주식을 살 때는 매도 호가에서 가장 낮은 가격으로, 주식을 팔 때는 매수 호가에서 가장 높은 가격으로 주문이 체결된다. 주문 체결은 빨리 되지만, 평단가 면에서 아쉬운 방법이다.

⑥ 최우선지정가 : 주식을 살 때는 매수 호가에서 가장 높은 가격으로, 주식을 팔 때는 매도 호가에서 가장 낮은 가격으로 주문이 체결된다. 주문 체결은 더디지만, 평단가 면에서는 유리한 방법이다.

⑦ 현금가능 : 내 계좌에 있는 거래 가능 금액예수금으로 이 주식을 사면 최대 몇 주를 살 수 있는지 알려준다.

체결/미체결

매수 체결 후에는 수정을 할 수 없다. 아직 체결되지 않은 미체결주문은 전체 주문 수량의 가격 수정, 일부 주문 수량의 가격 수정, 전체 주문의 일괄 취소가 가능하다.

국내주식 잔고/손익

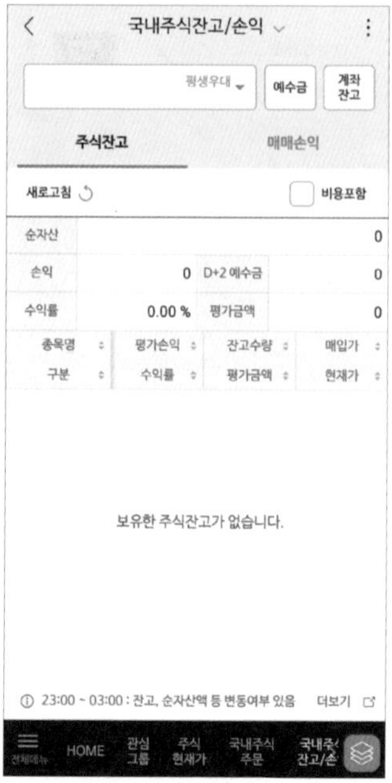

여기서는 매수한 주식의 수량, 평단가, 실시간 수익률, 총매입금을 확인할 수 있다. 비용은 매매 수수료와 제세금을 의미한다. 주식은 내가 손해를 보든 수익을 보든 수수료와 세금이 부과되기 때문에 반드시 이 비용을 체크해서 매도를 해야 손해를 보지 않는다. 출금 가능 금액이나 대출 매수 총 금액, 신용/대출 상세금은 예수금에서 확인할 수 있다.

이체

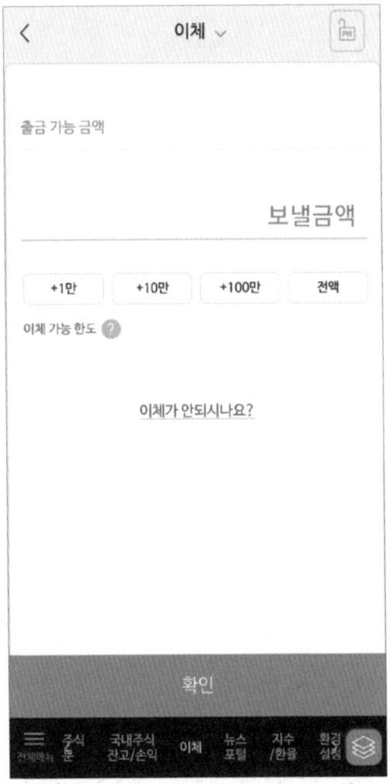

여기서는 투자금과 수익금을 다른 계좌로 이체, 관리할 수 있다.

뉴스포털

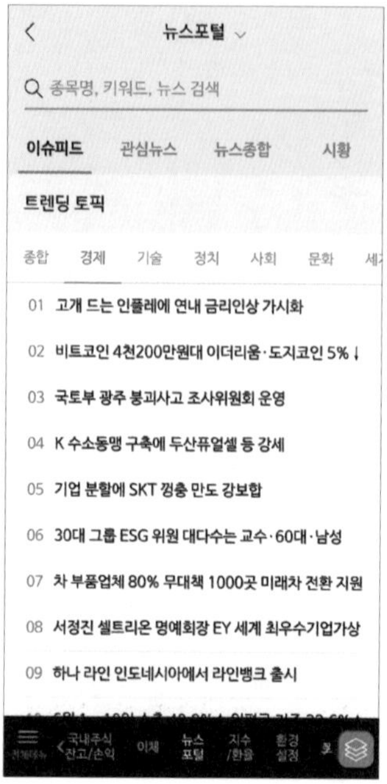

각 영역별 토픽과 관심그룹에 등록해놓은 종목의 뉴스, 시황 등을 한눈에 확인할 수 있다.

지수/환율

'국내/해외지수'는 물론이고 국내 증시에 영향을 끼칠 수 있는 '환율/금리/원자재' 가격 등을 확인할 수 있다. 또한 세계 각국의 증시 지수도 확인할 수 있어서 해외 투자를 병행하는 경우에 큰 도움이 되는 탭이다.

Plus Page +

실전 주식 매수, 매도하기

계좌도 개설했고 MTS 사용법도 알았으니 이젠 실전 타임! 주식을 사고 파는 것을 직접 해보자. 현대차 주식을 매수, 매도해보자.

실전 매수

1. '국내주식 주문' 탭을 누른다.

2. 맨 위 종목란에 매수하고자 하는 '현대차'를 검색한다.
3. 매수할 수량과 가격을 입력한다. 이때 호가 창에서 237,000원에 매수하려고 하면 12,580개의 주식 예약 건이 모두 체결된 뒤 내 주문 1건이 체결된다. 만약 236,500원에 매수하고자 한다면, 12,580 237,000원 매수 건 + 26,757 236,500원 매수 건 개의 주식 예약 건이 모두 체결된 뒤에 내 매수 주문이 체결되므로 시간이 걸린다.
4. 매수 주문 체결이 완료되면 나의 주식 잔고에 현대차 주식이 들어가 있는 걸 확인할 수 있다.

주식 매매 체결 원칙

만약 누군가가 나와 동시에 매수 버튼을 눌렀다면?

① 높은 가격으로 매수하는 사람부터 체결
② 0.1초라도 먼저 누른 사람부터 체결
③ 수량이 많은 사람부터 체결
④ 증권사 주문보다 고객 주문부터 체결

*매수 주문을 했다고 무조건 체결되지는 않는다. 내가 사려고 하는 가격에 주식을 파는 사람이 있어야 살 수 있다 가격, 수량 매칭.

실전 매도

1. 매수와 동일하게 '국내주식 주문'에 들어가 '매도' 탭을 누른다.
2. 원하는 매도 수량과 매도 가격을 체크한 후 '매도주문' 버튼을 누른다.
3. 저렴하게 매수하려면 순서를 기다려야 했던 것처럼, 비싸게 매도하려고 할 때도 앞서 매도 주문이 걸려 있는 게 모두 체결된 후에 내 주문이 체결되므로 시간이 걸린다.

매도 탭에서 주의 깊게 봐야 할 항목은 '대출매도'다. 대출매도는 매도 증권을 담보로 결제일까지 대출해주는 서비스로, 말 그대로 대출이니 주의하자.

D+2 법칙 : 매수 후 2일 뒤에 돈이 나가고, 매도 후 2일 뒤에 돈이 들어온다.
미수금 : D+2 법칙 때문에 생긴다. 2일 전에 매수한 주식 구입액이 나가야 하는데, 예수금이 부족해서 발생하는 금액을 미수금이라 한다.
반대매매 : 미수금을 채우지 못하면 매매일 기준 4일째 아침 동시호가 시간에 하한가로 매도가 되어 강제로 미수금을 정산하는 시스템이다.

엄마를 위한 주식 투자법

지금까지 주식에 대한 기본적인 개념과 주식 매매 프로그램 다루는 법을 배웠다면, 이제부터는 주식의 핵심이라고 할 수 있는 종목 고르는 법과 잘 사고 잘 파는 법을 배워야 할 때다. 주식 투자를 하는 방법은 사람마다 다르고 정답도 없다. 하지만 중요하게 생각하는 한 가지는 모두 같다. 저렴한 가격에 사서 높은 가격에 팔아 '시세 차익'을 얻는 것.

과거에 내가 한동안 했던 것처럼 단타 투자를 즐겨 하는 사람도 있고, 중장기투자만으로 포트폴리오를 짜는 사람도 있다. 무엇이 자신에게 맞고 이로운지는 직접 해봐야 안다. 실패하면서 배워야 한다는 사람도 있지만, 실패란 곧 돈을 잃는다는 것이니 힘들게 번 내 소중한 돈을 경험만을 위해서 잃을 수는 없다. 각 투자의 장단점을 알면 조금이라도 덜 실패할 수 있다. 먼저 공부한 후에 투자해보자.

단기투자? 장기투자? 정답은 뭔가요?

투자를 시작한 지 얼마 안 됐을 때 나도 단기투자, 초단타를 즐겨 했다. 매수와 매도를 5분 안에 끝내는 방식으로 했다. 그날그날 이슈에 따라 급등하는 테마주, 급등주를 따라다녔고, 하루에 2만 원 버는 걸 목표로 잡았을 때라 단기투자가 나와 잘 맞는다고 생각했다. 하지만 10년 가까이 투자를 하며 깨달은 건 나는 장기투자와 잘 맞는다는 것이다. 특히 엄마인 내게 초단타는 도박과 다르지 않았다.

모든 사람들이 나와 같지는 않지만 엄마인 나는 한 달에 매수할 수 있는 돈이 정해져 있어서 잘못 들어가 물려서는 안 됐고, 하루에 주식 창을 볼 수 있는 시간도 잠시뿐이라 계속 차트를 보면서 매수와 매도를 해야 하는 단기투자가 맞지 않았다. 많은 실패와 경험을 통해 나는 장기로 꾸준히 투자하면서 목표 수익이 됐을 때 매도하는 방식이 잘 맞았고, 실제로 수익도 단기투자를 했을 때보다 훨씬 더 좋았다. 여러분도 이렇게 자신에게 맞는 투자법을 찾으면 된다.

주식 투자법은 다양하지만 이 책에서는 크게 단기투자와 장기투자로 나누어 설명하려고 한다.

단기투자

일반적으로 데이트레이딩, 스윙 등과 같이 매수와 매도 사이의 기간이 짧은 매수법을 말한다. 데이트레이딩은 매수 후 빠른 시간 이내에 매도하는 것, 즉 매수와 매도가 하루 안에 이루어지는 것을 말한다. 스윙은 보통 매수 후 사나흘 안에 매도를 끝내는 것을 뜻하며, 이 2가지 투자법이 대표적인 단기투자에 속한다.

장기투자

보통 장기적으로 성장할 가능성이 있으나 현재는 저평가된 기업의 주식을 매수해서 고평가될 때까지 보유하는 투자법이다. 장기투자에서 주식을 보유하는 기간에 정해진 기준은 없다. 7일까지 보유하면 단기투자고, 8일부터는 장기투자라는 식으로 구분하진 않는다.

나는 개인적으로 단기투자와 장기투자를 구분하는 기준을 기술

투자와 가치투자로 삼는다. 기술투자는 기업의 가치를 보고 매매하기보다는 그날의 주가가 오르다 잠깐 멈췄다가 다시 오르고, 어떤 조건이 충족되면 다시 오르내리는 등 비교적 공식화된 양상을 보고 판단한 후 매매하는 것을 말한다. 즉 그날그날 변화가 큰 종목의 차트를 분석한 후 투자하는 것으로 대개 단기투자에 한한다. 단기투자를 한다는 것은 기술매매, 기술투자를 한다는 말과 다르지 않다.

장기투자는 가치투자라 할 수 있다. 어떤 회사의 주식을 장기적으로 보유하되, 그 회사의 가치가 떨어지면 매도하는 전략을 가진다. 그래서 장기투자는 투자하고자 하는 기업의 가치를 꼼꼼히 살피고, 특히 현재는 저평가되었지만 성장 가능성이 있는 기업을 찾는 것을 중요하게 여긴다. 그런 기업의 주식을 찾아서 꾸준히 투자하고 오래 보유하며 그 기업의 가치가 상승함에 따라 주가도 상승하여 시세 차익을 얻는 것이 장기투자다.

어떤 투자법이 좋고 나쁘다고 판단하기는 어렵다. 다만 단기투자는 초보 투자자가 섣불리 했다가는 물리기 쉬워서 추천하지 않고, 그렇다고 무조건 장기투자만이 답이라고 하기도 어렵다. 뭐든 자신에게 맞는 투자법을 찾는 게 좋고, 자신에게 맞는 투자법을 찾으려면 계속 공부하고 경험하는 것이 중요하다.

주식을 나누어 사고팔라고요?

주식은 매일 오르고 내린다. 투자를 하겠다고 생각한 사람의 눈에는 이상하게 오르는 종목만 보이고 내려가는 종목은 잘 안 보인다. '내가 주식을 사지 않으니까 주가가 자꾸 올라가는 거야. 얼른 주식을 사서 나도 수익을 내야지' 하는 생각에 마음이 조급하다. 초보 투자자일수록 이런 조급함에 이성을 잃고 거래를 하는데, 그럴 때 도움이 되는 투자 대가들의 조언이 있다. "매수는 가급적 천천히 하고 매도는 빠르게 하라!"

상승장이고 지금 들어가면 무조건 수익을 볼 것 같아도, 이성을 찾고 분할매수와 분할매도를 해야 한다. 분할매수와 분할매도를 잘하면 손실 날 가능성리스크은 낮추고 수익 날 가능성리턴은 높일 수 있다. 특히 초보 투자자라면 반드시 알아야 하는 부분이므로 기억하자.

분할매수

주식을 여러 번 나누어 사는 것으로 '시간적 분할'과 '금액적 분할'이 있다. 시간적 분할은 주식을 매수할 '때'를 나누어 매수하는 것이다. 예를 들어, 계좌에 100주를 살 수 있는 돈이 있다면 오늘은 10주, 다음주에 10주, 그다음 주에 10주, 이런 식으로 시간을 나누어 매수하는 것이다. 금액적 분할은 가격에 맞춰서 매수하는 경우다.

계좌에 1,000만 원이 있고 5,000원짜리 주식을 매수할 경우, 2,000주를 한 번에 매수하는 게 아니라, 전체 금액 중 30%에 해당하는 330만 원어치 주식을 매수하고, 그 주식이 4,800원 이하로 하락하면 30%인 330만 원어치를 추가로 매수하는 식으로, 주식의 가격이 떨어지면 일정 금액만큼 분할해서 매수하는 것이다.

분할매도

분할매도 역시 분할매수와 동일하다. 분할매도는 보통 시간적 분할보다는 금액적 분할매도로 한다. 예를 들어, 5,000원이었던 주식이 5,300원에 달했을 때 보유 주식의 일부를 매도해서 수익을 실현하고, 추가로 더 상승하면 남은 주식을 매도하는 방법이다.

분할매수, 분할매도를 왜 해야 할까? 간단하다. 우리가 아무리 분석을 열심히 해도 최저가를 찍어 맞출 수는 없기 때문이다. 주식의 최저점에서 매수하고 최고점에서 매도하는 건 운으로 어쩌다 한

두 번 맞출 수는 있지만 그걸 계속할 수는 없다. 그런 건 주식 베테랑들도 못 한다. 이런 불확실성이 높은 주식 장에서 조금이라도 수익을 낼 확률은 높이고 손실 볼 확률은 낮추기 위해 분할매수, 분할매도를 하는 것이다.

"주식은 꼭 내가 사면 떨어지고, 내가 팔면 오르더라." 주식 투자를 해본 사람이라면 한 번쯤은 이런 말을 해봤을 것이다. 내가 사면 더 떨어지고 내가 팔면 오르는 경험, 누구나 한다. 다만 초보와 고수의 차이가 있다면, 고수는 주식을 산 후 떨어졌을 때 좌절하며 오르기만을 기다리지 않는다. 고수는 주식이 떨어지면 투자금의 일부로 더 매수해서 평균단가를 조절하고, 어느 정도 오르면 가진 수량의 일부를 매도해서 수익을 실현한다. 올라갈 때를 대비하고 다시 내려갈 때를 대비하는 것이다.

실력과 경험, 훈련으로만 단련할 수 있는 이 방법이 내가 경험해본바 장기적으로는 수익을 많이 낼 수 있고 가장 안전한 방법이었다. 투자 시점과 투자금의 비중을 조절하며 수익률과 손실률을 조절하는 것이다. 주식은 어제보다 오늘 더 떨어질 수도 있고, 더 오를 수도 있기 때문이다.

엄마가 주식 투자를 해야 하는 이유

지금까지는 주식을 모르는 사람들 누구에게나 도움이 될 이야기들을 주로 했다. 이제부터는 나와 같은 엄마들에게 말하고 싶다. 엄마들은 실제로 내가 주식 강의를 하면서 제일 많이 만났던 분들이기도 하다.

누구나 새로운 것을 시작할 때 두려움을 느낀다. 주식 투자뿐 아니라 지금까지 내가 한 번도 해보지 않은 것, 특히 내가 잘 모르는 분야라면 더욱 그렇다. 나도 주식 투자를 처음 시작했을 때 그랬다. 하루 생활비가 1만 원인데, 그 귀한 돈을 주식에 잘못 투자했다가 날리기라도 하면 어쩌나? 통장에 있는 돈이라고는 200만 원이 전부인데, 이걸 잘못 투자했다가 모두 휴지 조각이 되면 어쩌나? 아이들 돌보는 시간도 빠듯한데 주식 투자를 할 수 있을까? 매일 이런 두려움에 떨었다. 그래서 그 마음을 너무나 잘 안다. 하지만 그래서 더더욱 잘할 수 있다. 엄마이기 때문에 더 잘할 수 있고, 주식 투자만큼 엄마에게 찰떡인 재테크도 없다.

직접 경험해본 엄마로서 주식 투자를 하면서 장점이라고 생각되는 부분을 정리해봤다.

휴대폰만 있으면 언제, 어디서든 할 수 있다!

주식 투자의 가장 큰 장점이라고 할 수 있다. 정말 휴대폰만 있으면 언제 어디서든 할 수 있다. 게다가 장 열리는 시간도 오전 9시부터 오후 3시 30분까지이니, 집안일을 하면서 틈틈이, 아이가 유치원이나 학교에 갔을 때 잠깐 시간을 내서 해도 충분하다.

소액으로도 시작할 수 있다!

주식 투자를 한다고 하면 초기 투자금이 엄청 많아야 한다고 오해한다. 전혀 그렇지 않다. 종목에 따라 1주에 5,000원도 안 되는 종목들도 많다. 싸다고 무조건 안 좋은 종목도 아니다. 투자하고자 하는 종목을 열심히 공부하고 계획만 세운다면, 소액으로도 만족할 만한 수익을 낼 수 있다.

혼자 공부할 수 있다!

다른 직업군에 비해 주식은 혼자서도 충분히 공부하면서 실력을 올릴 수 있다. 또 공부를 반드시 장이 열려 있을 때 하지 않아도 된다. 집안일을 모두 끝내고, 아이가 잠든 저녁에 내가 관심을 둔 종목을 들여다보면서 공부할 수 있다. 혼자 공부하는 게 어렵다면 유튜브나 뉴스, 책 등에서 도움을 받으면 된다.

적금보다 더 많은 복리 이자를 받을 수 있다!

적금에 가입할 때도 복리 이자의 혜택이 좋은 건 다 알 것이다. 주식은 적금보다 더 큰 복리 혜택을 누릴 수 있다. 만약 주식을 매도해서 적게나마 수익을 얻은 후 그걸로 다시 재투자를 하면 복리 혜택을 톡톡히 볼 수 있다. 주식으로 얻은 수익에 원금을 더해서 또 투자하고, 그게 또 수익을 내는 형태라 나중에 보면 엄청 커진 눈덩이를 만날 수 있다.

은퇴도 내 마음대로 정할 수 있다!

요즘 정년이 많이 늦춰졌다고는 하지만 그래도 빠르면 50대, 늦어도 60대에는 대부분 정년을 맞는다. 100세 시대를 살고 있는데, 60대는 정년을 맞이하기에는 너무 이르다. 그리고 아이들을 대학에 보내고 결혼까지 시키려면 정년을 최대한 미루고 싶을 정도다. 하지만 주식 투자에는 정년이 없다. 언제 시작해도 무관하지만 하루라도 빨리 시작해서 차곡차곡 천천히 쌓으면 자산은 물론이고 실력까지 쌓이는 걸 느낄 수 있다.

실력만큼 벌 수 있다!

주식은 내가 노력한 만큼, 공부한 만큼 결실을 볼 수 있다. 경제 상황에 따라 달라지고, 갑자기 불쑥 튀어나오는 기업의 문제로 주가가 달라지기도 하지만, 그걸 수익으로 마무리하는 것도 주식 공부다.

Plus Page +

주린이는 반드시 피해야 할 주식 투자법

주식 투자법, 좀 더 구체적으로 말하면 주식 매매 기법은 생각보다 다양하다. 예를 들어, 우량주 투자를 좋아하는 사람들 중에서도 누구는 기술력을 가진 테크주, 누구는 엔터주, 누구는 바이오주 등 분야로 나뉠 수 있고, 테크주도 업종과 분야에 따라 그 선호도가 수십 수백 가지로 나뉠 수 있다. 또 A 종목에 장기투자 하는 사람 중 그 종목이 10만 원 미만으로 내려올 때마다 매수하는 사람도 있고, 같은 종목을 매달 월급날마다 가격과 상관없이 매수하는 사람도 있다. 이렇게 주식 매매를 할 때 사람마다 기준이 다르기 때문에 방법도 무궁무진하다. 오죽하면 투자자 수만큼 매매 기법이 있다는 말이 나올 정도다.

하지만 수많은 매매 기법에도 절대 하지 말아야 할 매매법이 있다. 특히 주린이라면 더더욱 피해야 하는 것들이다.

① 뇌동매매, 추격매매

종종 들어봤을 것이다. 둘 다 비슷한 뜻으로 쓰이는데, 쉽게 설명하면 '남들이 사면 나도 산다' 하는 매매법이다. 주식 호가 창에서 주가가 마구 올라가니까, 나만 빼고 다 이 종목을 사는 것 같은 불안감이 들고, 이후에는 이 가격에 절대 못 살 것 같아서 앞뒤 안 보고 매수하는 것이다. 이는 나만의 확실한 기준이나 예측 없이 시장 전체의 인기나 다른 투자자들의 움직임에 현혹되어서 매매하는 것이다. 스스로 매도 기준을 잡기 어렵고, 극단적인 예로 일명 작전주라 불리는 종목에 편승되는 경우 무조건 손해를 볼 수밖에 없기 때문에 절대 해서는 안 되는 매매법이다.

② 무조건 '묻어두자' 투자

주변에서 추천해주는 '카더라 통신'을 듣고 주식 투자를 하는 게 위험하다는 건 모두가 안다. 그런데 더 위험한 투자법이 있다. 바로 무조건 '묻어두자' 투자법이다. 자신만의 판단으로 장기투자로 가져가기 위해 묻어두는 게 아닌, 카더라 통신으로 들은 잘 모르는 종목에 투자하고서는 언젠가는 오를 거라는 믿음으로 무작정 묻어두는 사람들이 많다. 요즘 우스갯소리로 "주식은 팔지만 않으면 손해 보지 않는다"라는 말도 나오는데, 이런 생각으로 투자하는 건 결코 좋은 방법이 아니다. 관리하지 않는 나무는 절대 열매를 맺지 않는다. 종목에 대한 이해가 전혀 없는 상태에서 그저 운에 맡기는 건 도박과 다르지 않다.

③ 여기저기 기웃대는 투자

주식을 매수했는데도 어째 오늘 좀 부진하다 싶으면 초보 투자자들은 다른 종목은 어떤지 순찰을 떠난다. 시장 흐름이 어떤지 보기 위해서가 아닌 '와, 저 종목이 갑자기 오르네? 저거 살걸…' 하고 후회하면서, 한창 오르고 있는 종목으로 갈아탄다. 갈아타면 그나마 다행이다. 아깝다고 자금을 더 끌어다 종목을 추가하다 보면 나의 자산 대부분이 주식에 물리게 된다.

여기저기 기웃거리는 것만큼 안 좋은 게 없다. 시장의 흐름을 보면서 공부하기 위함이 아니라 기웃거리면서 이것에 들어갔다가 저게 좋아 보여서 또 저쪽으로 갈아타고, 그랬다가 또 이쪽으로 갈아타다 보면 제대로 수익 나는 건 하나도 없고 손실만 가득한 구멍난 계좌를 만나게 된다. 또는 계속 사서 모으면 마이너스 콜렉터가 되기 십상이다.

주린이들이 피해야 할 투자법을 3가지로 나누어 말했지만, 결국 답은 한 가지다. "종목에 대한 분석 없이 매수하지 말고 매도하지 마라." 내가 투자하고자 하는 종목에 대한 이해나 공부 없이 매수하는 것은 투자가 아닌 투기다. 초보일 때는 당연히 나만의 분석이 빈약할 수 있다. 분석이 빈약해도 좋으니 반드시 분석한 뒤에 매매를 하는 습관을 들이자.

헬로마녀의
실전 주식 투자 연습

이제 주식이 뭔지도 대충 알겠고, 주식 투자를 해야 하는 이유도 알겠고, 증권 계좌도 만들었다. 그런데 내 돈 넣어서 본격적으로 시작하려니 어디서부터 시작해야 할지 모르겠고, 조금 겁이 난다. 그런 분들을 위해 실전 투자 전에 연습해보거나 알아두면 좋을 6가지 방법을 소개한다. 어쩌면 이미 모두 아는 내용일 수도 있지만, 아직 실천하고 있지 않다면 이번 기회를 통해 실천하면서 주식 투자와 친해지는 계기를 만나길 바란다.

모의투자 해보기

첫 번째 방법으로 모의투자가 있다. 나도 대학생 때 했던 경험이 있고, 주식 강의를 할 때도 많은 분들에게 추천하는 방법이다.

키움증권 모의투자

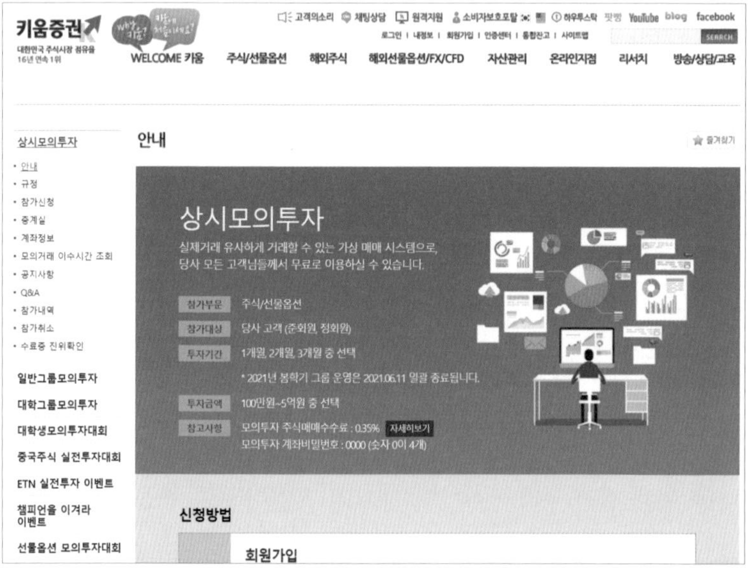

모의투자는 키움증권과 한국투자증권에서 상시로 할 수 있다. 말 그대로 모의模擬, 실제의 것을 흉내 내는 것으로 진짜 돈이 아닌

한국투자증권 모의투자

가상의 돈으로 주식 투자를 하는 것이다. 가상의 돈으로 하지만 장이나 차트는 실전과 똑같이 움직이기 때문에 주식 실전 공부를 하기는 좋다. 실제 투자와 약간 다른 점이 있다면 모의투자는 실제 투자보다 수수료가 훨씬 높게 책정이 되고, 매수와 매도를 걸면 앞에 있는 사람들을 제치고 가장 먼저 체결이 된다는 것이다. 그래서 매수, 매도를 걸었을 때 체결이 안 되는 실전에서와 같은 일은 일어나지 않는다. 그것을 제외하고는 실전과 똑같다. 주식을 처음하는 사람들에게 강력히 추천한다.

매매일지 쓰기

주식에 10년 가까이 투자하고 공부하면서 가장 많은 것을 깨닫게 해 준 건, 바로 주식 매매일지였다. 결과가 좋든 나쁘든 나는 무조건 다 기록했다. 아래 사진은 두 권째 쓰던 매매일지였는데, 처음에는 규칙이랄 것 없이 그냥 마구잡이로 적었는데, 이쯤 됐을 때는 기록해야 할 내용이 무엇인지 어느 정도 개념이 잡혀갈 때였다. 10년 가까이 쓴 매매일지도 벌써 10권가량 된다.

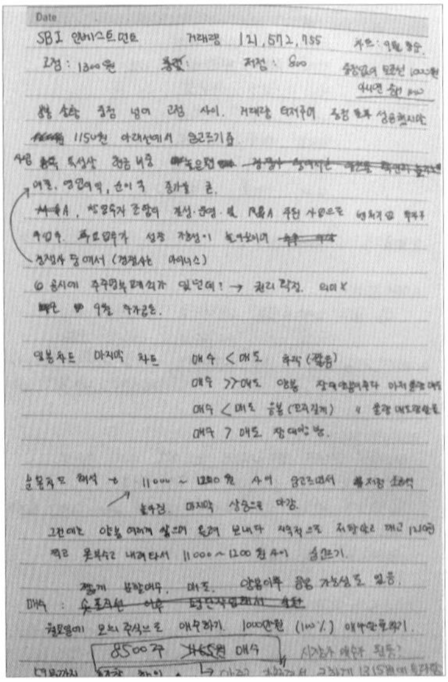

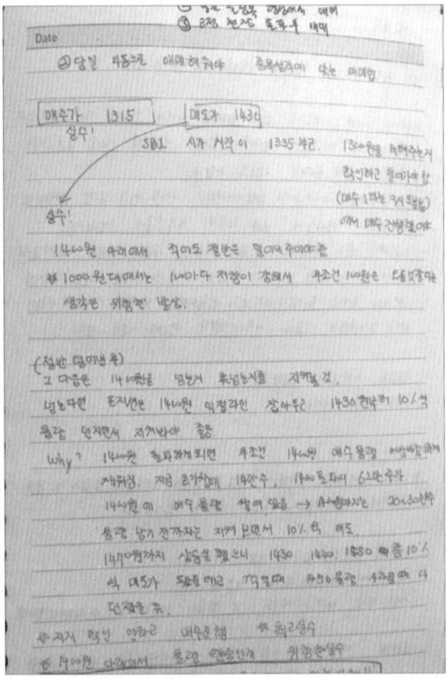

어떤 내용을 기록할 것인지에는 정답이 없다. 계속 하다 보면 자신에게 필요한 정보가 무엇인지 알게 되는데, 매수하기 전에는 '왜 이 종목을 사야 하는지, 얼마에 사면 얼마에 매도할 것인지, 얼마의 수익을 낼 수 있는지' 등을 스스로에게 설명하듯이 썼다. 매도한 후에는 '잘 된 매매인지, 중간에 어떤 문제가 있었고, 어떤 실수를 했는지' 등을 썼다. 그리고 제일 중요한 것은 그 종목에 투자해서 최종적으로 수익을 얼마나 냈는지, 그래서 나의 자산이 얼마나 불었는지 체크하는 것이었다. 매매를 하지 않는 날에도 나름 장 분석을 해서 메모해 두곤 했다.

주식 매매일지를 쓰는 사람들이 생각보다 별로 없다. 주식 투자를 시작한 지 얼마 되지 않았을 때 도움을 받고 싶어서 주식 오픈 채팅방에도 가보고, 주식 투자를 전업으로 하시는 분들도 만나봤지만 매매한 기록 정도만 남기는 분들이 훨씬 많았다. 그런데 매매일지를 직접 써본 경험을 바탕으로 나는 이를 적극 추천한다. 실제로 주식 강의를 할 때도 자신만의 매매일지를 만들어서 꼭 기록하라고 권한다. 왜냐하면 내가 주식과 진짜로 친해지고, 이제 조금 주식을 알겠다 싶었던 때가 바로 주식 매매일지를 매일 열심히 쓰던 때였기 때문이다.

판단 오류나 사소한 실수도 매매일지에 쓰면, 나중에 똑같은 실수를 반복하지 않을 수 있고 나의 투자 방법을 객관적으로 판단할 수 있게 된다. 그리고 무엇보다 체계적으로 종목을 관리할 수 있고, 수익 관리도 꼼꼼하게 잘할 수 있다.

매매일지 쓰는 법은 자신에게 편한 방법으로 하면 된다. 노트에 수기로 작성해도 좋고, 컴퓨터에 파일로 만들어서 정리해도 좋고, 휴대폰에 짧게 메모하는 형태여도 좋다. 어떻게 매매하고 마무리할 것인지 자신만의 시나리오를 적으면 된다.

목표 설정하기

세 번째 방법은 목표를 설정하는 것이다. 뻔한 이야기 같지만 투자를 할 때 목표를 설정하는 건 굉장히 큰 힘을 가진다. 공부를 할 때도 어떤 점수를 목표로 세우고 하는 것과 무작정 그냥 하는 것은 결과가 다르다.

목표를 설정한다는 건 중간에 흔들리는 마음을 붙잡아주고, 포기하지 않게 해주며, 작지만 확실한 발전을 이루게 도와준다. "목표가 없으면 노 젓다가도 폭포로 떨어진다"라는 말이 있다. 열심히 했지만 목표 설정을 안 해서 성과를 못 얻은 사람들이 많다. 무조건 높은 목표를 설정하라는 뜻은 아니다. 자신이 판단했을 때 현실 가능한 목표를 설정하는 게 중요하다.

나의 경우에는 주식 투자를 시작할 때 '얼마를 투자하고 얼마까지만 유지하겠다' 혹은 '이 종목은 수익률 몇 퍼센트가 될 때까지 매달 얼마씩 투자하겠다'라는 목표를 설정한다. 그리고 그 목표에 각각 이름을 붙인다. 예를 들면, '첫째 아이 동화전집', '○○아파트 사기' 등으로 이름을 붙여서 목표를 설정한다. 목표를 설정하면 주식과 계좌를 점검할 때 수익이 얼마나 났고, 목표 달성까지는 얼마나 남았으며, 잘 되고 있는지 속도는 어떤지 체크하기가 수월하다.

한 종목에만 몰입해 공부하기

네 번째 방법은 한 종목에만 몰입하기로, 바로 몰입의 필요하다. 코스피 종목이 794개, 코스닥 종목이 1,427개인데, 이 많은 종목을 모두 공부하고 분석하기는 현실적으로 어렵다. 심지어 한 기업에서 다양한 분야의 사업을 하는 요즘에는 종목 공부가 다 끝났다고 생각했다가도 갑자기 신사업 발표가 나서 다시 공부하게 되기도 한다.

그래서 나는 한 종목에 완전히 몰입한다. 매수를 하기 전에 내가 투자하고자 하는 기업을 계속 분석하고 공부한다. 이렇게 한 종목에 집중하면 자연스럽게 그 종목과 연결된 다른 종목들도 자연히 공부하게 된다. 예를 들어, A기업을 계속 분석하면서 차트를 보고 있는데, A 종목의 최대주주인 B 종목이 눈에 들어온다. 그렇게 눈에 따라 들어오는 것들까지 추세를 계속 보면 장 흐름을 파악할 수 있다.

그리고 장점은 여러 종목을 사고파는 것보다 한 종목만 매매하고 관리할 때가 실제로 수익률이 더 좋은 경우가 많다는 것이다. 한 종목만 죽어라 파니 그 종목에서 수익을 낼 수 있는 만큼 사골처럼 계속 우려내기 전법이 가능하다. 괜히 어중간하게 이거 찔끔 저거 찔끔 투자하다가 잘못 들어가면 물리기 십상이다.

1주 매수하기

"백문불여일견, 백견불여일행"이라고 했다. 백 번 듣는 것보다 한 번 보는 게 낫고, 수백 번 모의투자를 하는 것보다 실제로 1주를 사는 게 낫다. 주식 투자 경험이 없는 주린이들에게 내가 강의를 할 때 추천하는 방법이 1주 매수하기다.

주식 투자에 대한 막연한 두려움을 느끼고, 모의투자까지 해봤지만 내 돈이 실제로 들어간다는 것 때문에 주저하는 사람들이 많다. 그런 사람들에게는 낮은 가격의 주식을 1주 매수해볼 것을 권하는 편이다.

몇 개의 종목을 추리고, 매수해도 괜찮을지 판단한 뒤 1주만 사는 것이다. 그리고 매일 내 주식 잔고에 빨간색이 뜨는지 파란색이 뜨는지 체크한다. 저렴한 가격의 주식 1주라도 수익률이 마이너스가 되면 서둘러 팔아야 할 것 같고, 플러스가 되면 신이 난다. 그렇게 한 종목을 관찰하면서 매도까지 마무리를 해보는 게 중요하다.

그리고 이렇게 1주가 매일 어떻게 변하는지 그 변화를 꾸준히 관찰하면 자연히 차트 보는 법도 알 수 있고, 호가 창이 어떻게 변하는지, 시장이 얼마나 급변하는지도 피부로 느낄 수 있다.

이렇게 1주를 매수하고 가격과 내 계좌, 차트를 번갈아 보는 것만으로도 나름대로 '좋은 가격'을 찾고 매도하는 방법을 알게 된다. 그리고 무엇보다 내 계좌와는 별개로 객관적으로 종목을 보고 시장의 흐름을 보는 눈도 키울 수 있다.

모르는 건 무조건 공부하기

마지막 공부법은 뻔하지만 확실한 방법, 바로 책 읽기다. 요즘은 유튜브나 블로그 등에도 주식에 대한 정보가 쉽고 재밌게 많이 올라온다. 정보를 얻기 위해서 어떤 창구를 선택할지는 자신의 선택이지만, 책을 좀 더 추천하는 이유는 정보의 뿌리부터 알 수 있고 파생되는 정보도 함께 알 수 있기 때문이다.

나도 주식 투자를 처음 할 때 맨땅에 헤딩하듯 공부를 했다. 10년 전까지만 해도 주식 투자는 하던 사람들만 했다. 지금처럼 너 나 할 것 없이 모두가 다 하는 분위기는 아니어서 쉽고 재미있고 접근하기 쉬운 주식 콘텐츠가 별로 없었다. 당시 나는 아는 것이 하나도 없었기 때문에 하나부터 열까지 공부해야 했다. 그 수단이 책이었다.

주식에 대한 기본적인 개념부터 미시경제, 거시경제, 재무제표 분석하는 법까지 모두 책으로 배웠다. 그래도 이해가 안 되는 부분이 많아서 나중에는 회계학원론 강의까지 찾아 들었다. 그렇게 경제라고 이름 붙은 것들을 공부하고 나니 그제야 주식을 꼭 해야 하는 이유와 자본주의 사회에서 개인이 대처하는 방법 등이 조금씩 보였다.

그걸 이해하고 나니 주식 시장을 보는 눈도 달라졌다. 하루에 2만 원을 버는 것도 중요하지만, 그보다 더 중요한 미래를 준비하는 방법을 알게 됐다. 그리고 그 방법이 주식 투자라는 것도 깨닫게 됐다.

아는 게 힘이다. 모르면 배우면 된다. 꼭 책이 아니어도 좋다. 뭐든지 보고 배우자. 요즘에는 무료 뉴스레터도 많다. 나는 '순살브리핑'이라는 뉴스레터를 받아 보는데, 전 세계 금융·경제 뉴스를 보내준다. 이런 레터를 이용하면 내가 관심이 없던 분야도 알 수 있어서 좋다. 단, 가공 정보들을 참조할 때는 종합적으로 판단한 후 결정을 내리는 게 좋다.

경제 공부에 도움되는 무료 뉴스레터

순살브리핑(https://soonsal.com) : 매일 전 세계 금융·경제 뉴스를 알 수 있다.

어피티(https://uppity.co.kr) : 매일 금융·경제 지식에 대해서 쉽게 설명해주고, 구독자 재무 상담 후기도 엿볼 수 있다.

뉴닉(https://www.newneek.co) : 매주 월, 수, 금요일 아침마다 현재 가장 이슈가 있는 경제, 정치, 문화, 인문 등의 소식을 전해준다.

머니네버슬립(https://lnky.in/us-stock) : 매일 미국 주식 시장의 소식을 전한다.

인사이저(https://incizor.com/Newsletter) : 현재 가장 이슈가 되는 기사, 특징주, 공모주 등 주식 투자와 관련된 정보를 제공한다.

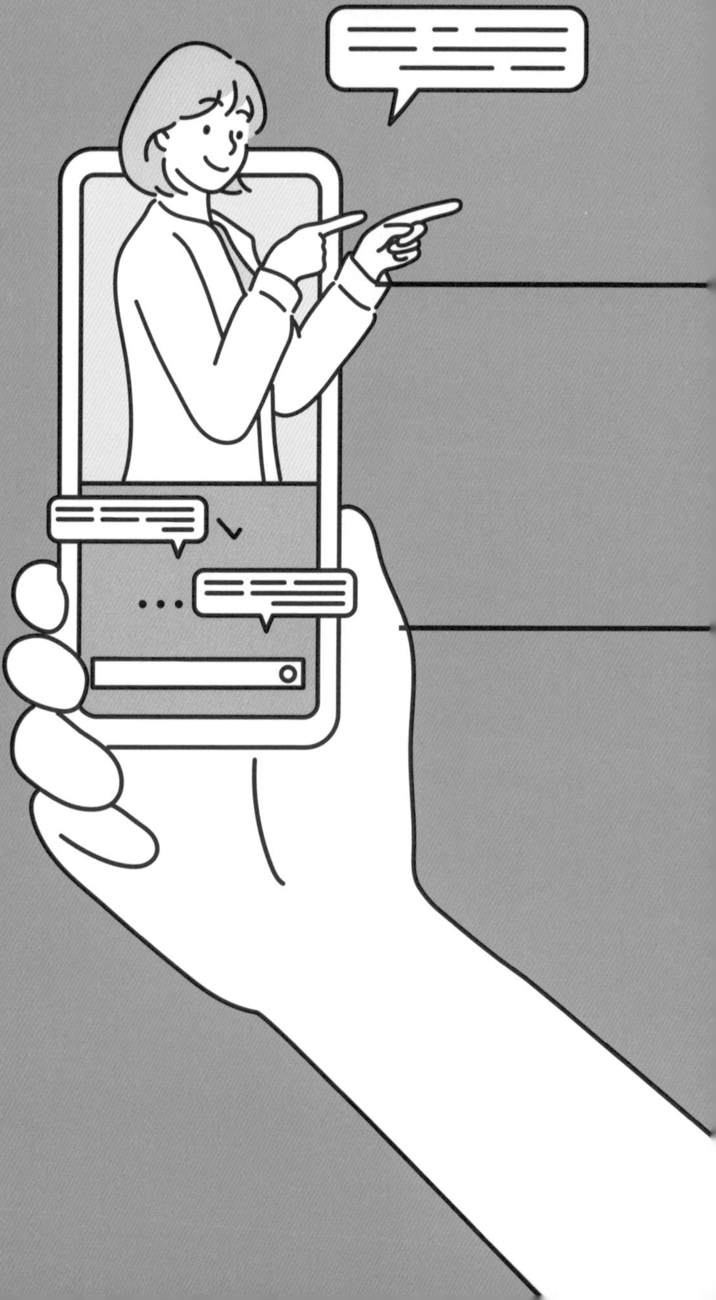

PART 3

주린이도 할 수 있는 쉽고 간단한 '적금주식'

주식 매매법에 정답은 없다. 직접 경험해보고
나의 투자 성향과 잘 맞는 매매법을 선택하면 된다.
하지만 그마저도 선택하기 어려운 주린이들을 위해서
헬로마녀만의 매매법인 '적금주식 투자법'을 소개한다.

주식 투자를 시작합니다

계좌도 생겼으니 이제 본격적으로 주식 투자를 시작해보자. 그러려면 우선 나에게 맞는 투자법을 찾아야 한다.

주식 투자의 핵심 3가지

주식 투자로 지금 당장 부자가 되기는 힘들어도 적금보다는 나은 수익을 얻을 수 있고, 나에게 맞는 투자법으로 꾸준히 하면 계획보다 더 많은 수익을 빠르게 볼 수 있다. 이제 주식 투자에 조금 마음이 열렸다면, 이제 딱 3가지만 기억하고 주식 투자를 시작해보자.

주식 투자의 핵심 3가지

1. '좋은' 종목을 고른다.
2. '좋은' 가격에 매수한다.
3. '좋은' 가격에 매도한다.

이 3가지는 모두가 다 아는 주식으로 돈 버는 방법이다. 그런데 여기서 문제는 도대체 '좋은'이라는 기준이 무엇이냐는 거다. '좋은' 기준을 알기 어려워서 계획에 없던 강제 장기투자를 하게 되고 물리게 되는 것이 아닌가? 또 A 회사가 좋은 건지 B 회사가 좋은 건지 모르겠고, 얼마에 매수해야 싸게 잘 산 건지, 지금 매도해도 되는 건지 등등에 대해 아직 감이 없다.

이에 대한 기준은 투자자들마다 자신의 기준을 갖고 있고 다들 견해가 다를 것이다. 하지만 나는 무조건 한 푼이라도 '수익'을 남겨주는 것이 '좋은' 종목이고, 수익을 남기기 쉬운 가격이 '좋은' 매수 가격이며, 내 계좌에 내가 목표한 수익을 쌓아주는 것이 '좋은' 매도 가격이라고 생각한다.

앞서 여러 투자법을 소개했는데, 모두 경험해보고 나에게 찰떡처럼 맞는 투자법을 찾아가는 것이 가장 좋지만, 초보 투자자들은 그렇게 모든 투자법을 활용하면서 매수할 정도로 여윳돈도 없고 마음의 여유도 없다. 그래서 내가 10여 년간 이 방법 저 방법 모두 해본 결과 가장 손해를 덜 보고 안정적인 결과를 얻었던 투자법을 소개하려고 한다. 이 투자법은 초보 투자자도, 나처럼 겁 많은 엄마도 소액으로 최대 수익을 낼 수 있는 방법이다.

좋은 투자법은 따로 있다?

사람마다 좋은 투자법에 대한 기준은 다르다. 내가 생각하는 좋은 투자법이란 '수익률이 높은 것보다 리스크가 낮은 투자법'이다. 아무리 수익이 큰 방법이라고 해도 수익을 낼 수 있는 확률이 40%이고 손실이 날 확률이 60%라면, 언젠가는 결국 원금을 잃을 수밖에 없다. 마치 도박처럼 높은 수익률을 줄 40%에 모두 건다? 이건 절대 투자가 아니다.

주식은 상승과 하락의 반복이다. 이유 없는 상승, 하락도 있고, 이유 있는 상승, 하락도 있다. 가끔 주식을 마치 홀짝 게임처럼 상승 아니면 하락, 이렇게 생각하는 사람도 있는데, 이런 생각으로 주식 투자를 하는 것도 50% 확률 게임을 하는 도박이나 다름없다.

주식은 절대 확률 게임으로 해서는 안 된다. 가장 좋은 투자법은 주식이 상승했을 때도 수익을 내고, 하락했을 때도 수익을 내는 것, 그게 가장 좋은 투자법이다. 지금부터 그 투자법을 소개하려고 한다. 상승장에도 하락장에도 수익을 낼 수 있는 방법, 바로 '적금주식 투자법'이다.

적금주식이 답이다

돈을 모아야 할 때 가장 먼저 떠오르는 게 무엇인가? 아마 저축이 아닐까 싶다. 푼돈을 목돈으로 만드는 가장 일반적인 재테크 방법이자 원금 보장까지 되는 누구나 아는 금융 상품이다. 매달 고정된 금액을 꼬박꼬박 저축하면 원금에 이자까지 주고, 더불어 돈을 모으는 습관까지 갖게 해주니 재테크를 한다고 하면 절대 빠지지 않는 방법이다. 비록 적금으로 자산을 크게 불리지는 못하지만 안정적으로 모으기에는 적금만 한 게 없는 것도 사실이다.

그런데 문제는 요즘 이자가 너무너무 낮다는 거다. 물가상승률을 따지면 오히려 마이너스이니 돈 좀 불려보겠다는 사람들이라면 의욕을 상실할 수밖에 없다. 반면 주식을 떠올리면 가장 먼저 무슨 생각이 드는가? 높은 수익을 얻을 수는 있지만 원금 손실의 위험이 떠오른다. 이 2가지를 딱 반반씩 섞어놓은 금융 상품은 없는 걸까? 나는 그런 답답한 마음에 적금주식을 시작하게 됐다.

적금주식의 구조

적금주식이라고 하면 생소해서 어렵다고 생각할 수 있다. 그런데 해보면 은행에 적금 붓는 것만큼이나 쉽다.

적금 vs. 적금주식 vs. 주식

상품명	수익률(이자)	세금	투자금	기간	비고
적금	(변동) (보통) 1.0%~2.7%	과세(15.4%) 비과세/세금우대	매달 N원씩	1년(12개월) ~ 3년, 5년 등	5,000만 원 까지 보장
적금 주식	본인이 설정 예)10%, 100%	증권거래세 (0.23%), 배당소득세(15.4%) 증권사별 매매 수수료가 다름	매달 N원씩	목표 달성 시 까지	하루 단 5분 투자 복리 이자+ 적금 안전함

주식	실력에 따라 변동	증권거래세(0.23%), 배당소득세(15.4%) 증권사별 매매 수수료가 다름	개인마다 상이	원금 손실 때까지. 혹은 투자금이 어디에 필요할 때까지	매분 매초 수익률이 달라짐

표의 내용을 축약해서 장점만 쏙쏙 뽑아내면 이런 구조가 된다. '1년에 N번, N% 복리 이자를 주는 적금주식.' 실제로 이렇게 지난 몇 년간 적금주식을 굴려보니 조금씩 차이는 있지만 평균적으로 '1년에 12번, 10% 복리 이자를 주는 적금주식'이 됐다.

주식의 특성은 어떤가? 주식은 가격이 시시각각 변하기 때문에 변동이 심하다. 그래서 주식을 하는 사람들도 이런 특성에 따라가게 된다. 나도 주식을 시작한 지 얼마 되지 않았을 때 단기투자를 주로 했는데, 그때 한 종목을 일주일만 끌고 가도 지루한 마음에 조급함까지 더해져서 어찌할 바를 몰랐다. 그러다 한 달이 넘어가면 매도하고 싶어서 손이 근질근질했고, 그러다 물려서 눈물을 머금고 손절하기도 했다. 많은 사람들이 나와 같은 경험을 한다는 걸 안다. 아마 초보 투자자라면 들쑥날쑥한 마음이 더할 것이다.

그렇다면 적금의 특성은 어떤가? 가입하면 최소 기간이 6개월이고, 이자를 조금이라도 더 받으려면 적어도 1년은 넘게 꾸준히 부어야 한다. 적금주식은 '1년, 연이자 N%, 매달 N원 저축'이라는 적금의 구조를 그대로 주식으로 가져온 것이다. 적금의 안전함과 꾸준함, 그리고 푼돈을 모아 목돈으로 만드는 방식까지 말이다. 적금처럼 보이지만 이자는 훨씬 높은 투자법이다.

펀드와도 비슷해 보이지만 조금 다르다. 펀드는 각 은행, 증권사, 투자운용사의 애널리스트나 펀드매니저가 한 박스에 여러 가지 주식을 담는다. 그리고 거기에 돈을 골고루 나눠 투자하는 것으로, 그 종목들 중 수익이 나는 종목도 있고 손실이 나는 종목도 있다. 이때 손실금보다 수익금이 더 크면 그 펀드는 수익이 나는 펀드다. 주식에서 발생하는 리스크를 줄이기 위해 여러 개 종목을 담는 것이다. 일명 "달걀을 한 바구니에 담지 마라" 전략이다.

하지만 적금주식은 다르다. 종목을 나누는 것이 아닌 매수를 나눠서 한다. 분할매수를 촘촘히 해서 최종적으로 모두 수익으로 마무리하는 것을 목표로 한다. 이게 내가 몇 년간 꾸준히 하고 있는 적금주식 시스템이다.

정액투자 효과의 극대화

적금주식의 이론을 설명하기 전에 잠깐 주식 시장의 특성에 대해 짚고 넘어가자.

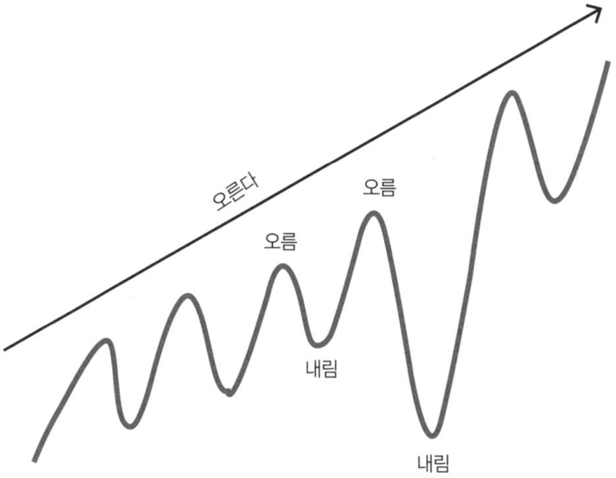

그림처럼 주식은 오르락내리락하는 상승과 하락의 반복이다. 우리나라 코스피지수를 봐도 동일한 양상을 볼 수 있다.

코스피지수를 보면 상승과 하락, 횡보를 반복하면서 우상향 그래프를 그리고 있다. 코스피지수는 물론 코스닥지수와 종목들의 차트도 대부분 이런 식으로 움직인다. 경제가 굴러가면서 버블이 끼기 때문에 버블의 양이 크든 적든, 버블이 터지든 쌓이든 경제는 우상향

코스피지수

하는 그래프를 그린다. 그중 당연히 도태되는 기업들도 생기고, 잘나가서 시장을 끌고나가는 종목들이 생길 것이며, 증시의 흐름에 따라가는 종목들도 생긴다. 결론적으로 주식이 우상향한다는 전제하에 주식을 한다. 경제가 성장하지 않는다면 우리는 투자를 할 필요가 없으니 말이다.

이 파동을 적금주식에 대입해보자. 오르락내리락하는 파동에서 수익을 최대한 뽑아 효율적으로 수익금을 재투자하여 투자금을 빠르게 늘려나가는 방법이 필요하다. 그러기 위해서 대부분의 투자자들은 저점과 고점을 찾기 위해 노력한다. 하지만 적금주식은 '정액투자'을 기본으로 하기 때문에 고점에 사든 저점에 사든 자연스럽게 평균 단가가 좋은 가격에 맞춰진다.

정액투자는 '똑같은 금액을 꾸준히 투자하는 투자법'이다. 보통 초보들에게 권하는 투자법으로, 일명 '체계적인 물타기'라 불리기도 한다. 적금주식이 바로 물타기의 긍정적인 요소만을 가져온 것이다.

오르락내리락 파동이 있는 주식을 적금처럼 투자하기 위해서는 매일 주식을 매수해야 한다. 마치 한때 유행했던 '커피적금', '담배적금'처럼 하루에 커피 값, 담배 값을 아껴서 저축하는 것과 동일하게 주식을 매수하는 방법이다. 그렇게 매일 정해진 금액 안에서 매수를 하다가 자신의 목표에 도달하면 매도한다. 무조건 오래 가지고 있는 게 아니다.

목표 설정은 사람마다 다르다. 수익률일 수도 있고 금액일 수도 있다. 목표 지점에서 반드시 매도를 하는 이유는 상승했을 때의 수익을 챙겨서 투자 원금을 늘리기 위함이고, 동시에 언제까지 상승만 할 것이라는 보장이 없기 때문에 미리 수익 실현을 하는 것이다. 이게 바로 주식을 복리로 굴리는 방법이자 투자 원금을 가장 빠르게 목돈으로 굴리는 방법이다. 그리고 복리 수익을 쌓기 위한 방법이다.

수익률 설정과 복리의 힘

주식을 하던 도중 꽤 매력적인 재테크를 발견했다. 앞서 이야기한 '커피적금'이다. 매일 커피 값 3,000원을 적금에 넣고 1년 동안 모으면 100만 원이 넘는 목돈을 만질 수 있었다. 이 방식은 나와 잘 맞았다. 결혼 생활을 시작할 때 목돈이라고는 본 적이 없었기 때문에 푼돈으로 목돈을 만든다는 게, 또 그 푼돈이 너무 소소해서 매력적이었다. 그리고 주식 투자를 본격적으로 하게 된 후에 그 방법을 주식에 적용하게 됐다.

그리고 무엇보다 이 방법이 잘 맞았던 건 내가 엄마였기 때문이다. 남편의 월급은 정해져 있었고, 한 달에 숨만 쉬어도 나가는 돈

적금주식과 적금의 상승률

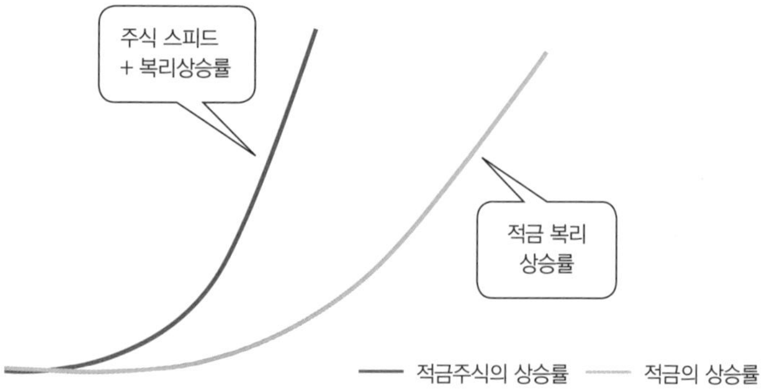

이 있었다. 그러니 주식 투자에 많은 돈을 넣을 수 없었고, 그럴 만한 돈도 없었다. 장보면서 아낀 2,000원, 시부모님께 받은 아이 용돈 10,000원, 중고 거래로 생긴 5,000원, 이렇게 푼돈을 모아서 주식을 샀다.

1억 원을 좋은 종목에 투자하면 수익이 1%만 나도 100만 원이 나오는 걸 누가 모르겠는가. 시드머니가 중요하다는 것도 안다. 하지만 오롯하게 1억 원을 모으려면 시간도 오래 걸리고, 투자 없이 계속 모으기만 하면 나중에 1억 원이 모였을 때 어떻게 투자해야 할지 감도 잃는다. 투자를 꾸준히 하면서 감을 잡고 있어야, 1억 원이 생겨도 100만 원 수익을 낼 수 있게 된다.

적금주식으로 투자를 이어나가면서 나는 나만의 원칙을 몇 가지 더 추가했다. 모두 실패 경험을 토대로 얻은 원칙이었다. 먼저 나는 적금주식의 목표를 설정할 때 '수익률'을 낮게 잡았다. "주식 투자를 하면서 수익률이 그것밖에 안 돼?"라는 소리를 들을 정도로 낮은 수익률을 정해서 그 목표에 도달하면 매도하고 '투자 원금', 즉 시드머니를 불려나갔다.

처음에는 너무 소소해서 눈에 띄지도 않았다. 그런데 커피적금처럼 푼돈으로 계속 매수해서 수익이 나면 매도하고, 그 푼돈으로 또 계속 매수해서 목표에 도달하면 매도하기를 반복했다. 그랬더니 A 종목을 10주 사던 때에서 얼마 안 가 20주를 살 수 있게 됐고, 곧 50주까지 사게 됐다. 작은 눈송이를 굴리고 굴려서 큰 눈덩이로 만든 것이다. 이게 바로 복리 투자였다.

투자 원금 × 이자 →(투자 원금 + 이자) × 이자 → { (투자 원금 + 이자)+ 이자) } × 이자

적금주식으로 1만 원을 10만 원으로 만들고, 10만 원을 100만 원으로 만들고, 1억 원을 만들고 5억 원이 되기까지 속도는 굉장히 빨랐다. 나의 경우 딱 2년이 걸렸다.

투자만으로 돈을 모은 건 절대 아니었다. 시드머니를 모으기 위해서 생활비를 아끼는 건 여전히 똑같았다. 하지만 악착같이 모아서 저축만 했을 때와는 결과가 너무 달랐다. 이것이 목표를 설정하고 복리로 굴린 적금주식의 힘이다.

엄마에게 안성맞춤인 적금주식 투자법

나는 엄마다. 남편이 고생하면서 벌어온 피 같은 돈을 잃는다고 생각하면 눈앞이 캄캄해지고, 장볼 때 한 푼이라도 아끼려고 억척을 떠는 엄마다. 또 가족과 행복하게 살기 위해서 돈을 벌고 모으는 건데, 아이들은 뒷전으로 하고 주식에만 집중할 수도 없다. 그런 나에게 적금주식은 정답이었다.

나도 처음에는 단타매매도 해보고, 테마주에 들어가서 물리기도 하고, 주식으로 돈 벌 방법은 다 해봤다. 그런 시행착오를 모두 겪은 후 적금주식에 정착했고, 신축 아파트로 이사도 할 수 있게 됐다.

하락장에서 더 강한 투자법

상승장에서는 누구나 휘파람을 분다. 문제는 하락장이다. 나도 적금주식에 정착하기 전에는 매번 하락장에서 휘청거렸다. 하지만 남들 다 손 털고 나간다는 하락장에서도 적금주식은 강력한 힘을 발휘한다.

보통 상승장에서 수익이 나고 하락장에서 손실이 나서 전체적으로 플러스가 되어야 수익이 남는 일반적인 주식 매매법과 달리 적금주식은 상승장에서도, 하락장에서도 꾸준히 수익이 난다.

예를 들어, 100만 원의 투자금이 있고, 1주당 1,000원인 종목을 하루에 2만 원 이내로 매수한다고 가정해보자. 가지고 있는 시드머니를 모두 넣어서 전량 매수했을 때보다 하루에 투자할 수 있는 금액을 정해둔 선에서 나누어 매수했을 때가 하락장에서 더욱 큰 수익을 내는 걸 알 수 있다. 상승장에서도 당연히 수익이 나지만, 하락장과 비교하면 오히려 조금 아쉬울 정도다. 이처럼 하락장에서 더 강한 게 적금주식이다.

적금주식만 꾸준히 하면 상승장이든 하락장이든 가리지 않고 부드럽게 주식의 파동이라는 파도를 타고 넘으며 수익을 얻을 수

상승장								
1주당 가격	1,000원	1,100원	1,050원	1,150원	1,200원	1,400원	평단가/수량	수익금
일반 매수	100주					매도	1,000원 /100주	40,000원
적금 주식	20주	18주	19주	17주	16주	매도	1094.4원 /90주	27,504원

하락장								
1주당 가격	1,000원	950원	900원	850원	900원	1,200원	평단가/수량	수익금
일반 매수	100주					매도	1,000원 /100주	20,000원
적금 주식	20주	21주	22주	23주	22주	매도	917.6원 /108주	30,499원

있다. 상승장, 하락장에서 수익이 나오는 속도는 다르지만 하락장에서 손해 보지 않고 수익을 낼 수 있다는 것만으로도 만족스럽고 대견한 투자법이라 할 수 있다. 물론 장이 안 좋으면 내가 목표로 설정한 수익이 날 때까지 오래 걸린다. 그런데 그건 적금주식이 아니더라도 일반 매수도 마찬가지다. 하지만 장이 좋으면 일반 매수보다 더욱 빨리 수익이 나서 목표에 금방 도달한다.

적금주식의 장점

적금주식은 장점이 많다. 기본적으로 주식의 매수를 분산해서 시간을 늘리는 방법이기 때문에 이런 장점들이 있다.

매일 어떤 종목을 매수해야 할지 공부할 필요가 없다!

적금주식은 한 가지 종목을 꾸준히 매수하는 것이기 때문에, 매일 어떤 종목을 사야 할지 고민할 필요가 없다. 종목을 정했다면 그 종목이 목표 수익을 실현할 때까지 그냥 사면 된다.

하루 5분만 투자하면 된다!

매일 종목 공부를 할 필요가 없기 때문에 장이 열려 있는 시간에 아무 때나 들어가서 계획한 종목만 매수하면 끝이다. 개인 시간을 많이 뺏기지 않는다.

하락장에서도 수익이 난다!

초보 투자자들은 자신이 매수한 종목이 조금이라도 떨어지면 불안하다. 하루에도 열두 번씩 주식 창을 들여다보면서 팔까, 말까

고민한다. 적금주식은 오히려 하락장에서 더 많은 수익을 내므로 주린이들에게 더욱 추천한다.

목표 설정은 내 상황에 맞게 마음대로 할 수 있다!

'아이의 동화책 전집 구매를 위한 100만 원 만들기', '수익률 10% 만들기' 등 나만의 목표를 설정해서 매도 시점을 잡을 수 있다.

안정적으로 시드머니를 불려준다!

목돈이 없어서 투자를 하지 못하겠다는 사람들이 많다. 적금주식은 푼돈을 모아서 목돈을 만든다는 취지다. 적은 돈으로 매수한 주식을 모아서 매도하고, 또 모아서 매도하면 어느새 확 불어난 시드머니를 볼 수 있다.

적금주식 종목 선정 노하우
_1차 서류전형

이제 주린이들이 가장 어려워하는 관문만 남았다. '좋은' 주식을 '좋은' 가격에 매매하고 싶은데, 도대체 좋은 종목을 모르겠다는 사람들을 위해 '좋은' 주식을 고르는 방법을 소개하려고 한다. 나는 종목 고르기를 마치 면접을 보듯이 하는데, 첫 번째 단계는 '서류전형'이다.

재무제표, 거래량, 추세확인은 필수

1차 서류전형에서는 3가지만 잘 보면 된다. 재무제표, 거래량, 추세확인이다. 3가지 모두 누구나 볼 수 있고, 개념만 익히면 빠르게 파악하고 넘어갈 수 있다.

재무제표는 '이 기업이 현재 돈을 얼마나 벌고 총재산은 얼마큼인가'를 나타낸다. 거래량, 혹은 거래대금은 '이 기업에는 손님이 몇 명이나 있는가', 즉 기업을 찾는 유동인구를 나타낸다. 추세확인은 '지금까지 안 쉬고 발전하기 위해서 열심히 굴러왔는가'를 확인하는 것이다.

이해를 돕기 위해 간단하게 설명하긴 했지만 사실 재무제표, 거래량, 추세확인도 깊이 공부하면 한 달을 붙잡고 있어도 모자랄 만큼 복잡하고 변동사항도 많다. 거기에 보조지표라 불리는 PER, ROA, 기관 순매수, 외국인 순매수 등까지 보면 끝도 없다.

1차 서류전형에서부터 너무 까다롭게 보면 체력도 시간도 뺏긴다. 그래서 나는 1차 서류전형은 이 3가지를 아주 빠르게 확인하고 통과시킨다. 각 항목에서 통과된 종목은 2차 면접전형 때 다시 평가할 수 있도록 관심그룹에 추가해둔다.

그렇다면 서류전형의 3가지 내용을 검토하는 법을 살펴보자.

재무제표

재무제표	2018/12	2019/12	2020/12	21년추정
영업이익(억)	588,866	277,685	359,938	491,068
순이익(억)	443,448	217,388	264,078	369,133
EPS(원)	6,024	3,166	3,841	5,384
PER(배)	6.42	17.63	21.09	15.04
PBR(배)	1.10	1.49	2.06	1.93
BPS(원)	35,342	37,528	39,405	42,038
ROE(%)	19.63	8.69	9.99	13.22
ROA(%)	13.83	6.28	7.23	
자산총계(억)	3,393,572	3,525,644	3,782,357	
부채총계(억)	916,040	896,840	1,022,877	
자본총계(억)	2,477,531	2,628,804	2,759,480	
부채비율(%)	36.97%	34.12%	37.07%	37.30%

한 예로 삼성전자의 재무제표를 보자. 여기서는 '순이익'과 '자산총계'만 보면 된다. 용어가 어려워서 그렇지 이해하면 쉽다.

순이익은 '올해 남은 현금이 얼마인가, 얼마나 모았는가'를 알려주는 것이고, 자산총계는 '재산이 얼마이고, 대출은 얼마나 있는가'를 알려주는 것이다. 가계부를 떠올리면 이해하기 더 쉽다. 재무제표는 가계부와 거의 동일하다. 월급과 금융수입, 부수입 등을 모두 합친 것이 총수입이고, 여기에서 이번 달에 나갈 세금, 행사 비용, 용돈 등 지출 내역 전체를 합친 총지출을 뺀 금액이 재무제표상의 순이익총수입–총지출이다.

당장의 현금 보유를 확인했다면 그다음에는 재산이 얼마나 있는지 확인해야 한다. 지금까지 적금으로 얼마나 모았고, 대출은 얼마나 있는지, 이런 걸 보는 게 자산총계다. 가계부를 샅샅이 살펴보면 그 사람의 상황을 파악할 수 있는 것처럼 기업도 마찬가지다. 재무제표를 보면 기업이 지금 어떤 상태인지 파악할 수 있다.

재무제표는 공정하고 투명한 기업의 가계부라고 생각하면 편하다. 1차 서류전형에서 재무제표뿐 아니라 거래량과 추세확인도 해야 하는데, 여기서 모든 항목을 다 보면서 종목 공부를 하다가는 투자하기도 전에 지쳐 쓰러질 수 있다. 가장 중요한 항목 몇 가지만 알아두고 1차 서류전형은 넘기자. 1차에서 뽑힌 종목들은 2차 면접전형에서 좀 더 꼼꼼히 살피면 된다.

주요 보조지표 8가지			
보조지표	**공식**	**뜻**	**결론**
EPS (주당순이익)	당기순이익÷ 주식 수	한 주당 수익이 얼마 정도 되는가	높을수록 돈 잘 버는 종목
PER (주가수익 비율)	주가÷EPS	주식의 가격이 실제 주당순이익의 몇 배 정도 되는가	1보다 낮을수록 저평가된 종목
PBR (주가순자산 비율)	주가÷BPS	주식의 가격이 주당 순자산에 비해 어느 정도 되는가	1보다 낮을수록 저평가된 종목
BPS (주당순자산)	순자산÷ 총 발행주식 수	한 주당 대출 빼고 가진 순자산의 비율	높을수록 돈이 빵빵한 종목이라는 뜻
ROE (자기자본 이익률)	EPS ÷ 평균자 기자본×100	자기자본(주주투자금)으로 얼마의 수익을 냈는가	높을수록 투자를 잘해서 수익을 많이 남기는 종목
ROA (총자산 순이익률)	매출 순이익× 총 자산 회전율 ×100	가진 돈 전부로 분기마다 총 얼마의 순이익을 냈는가	높을수록 자산 활용을 잘해 돈 잘 버는 종목
부채비율	타인자본(대출)÷ 자기자본×100	대출 대비 순자산이 얼마인가	한국에서는 100% 이하이면 건전한 회사, 미국 등에서는 200% 이하이면 건전한 회사
EV/EBITA (기업 가치/ 세전영업이익)	기업 가치÷ 기업의 현금 창출 능력	기업의 가치가 영업해서 버는 돈의 몇 배인지 나타내는 지수	낮을수록 저평가된 종목

저평가주를 찾을 때는 보조지표들을 활용하는 방법이 가장 많이 쓰인다. 저평가된 종목을 찾기 위해 이런저런 방법을 모색하다가 나온 기준이 보조지표다. 여러분이 주식을 하면 가장 많이 듣게 되는 PER 같은 것이 보조지표에 속한다. 재무제표에서 확인할 수 있는 보조지표들 중 가장 중요한 8가지를 표로 정리했다.

이건 솔직히 하나씩 모두 이해하려면 너무 어렵다. 마치 수식처럼 외우는 게 낫다. 학창 시절 암기과목을 외울 때 앞글자만 연결해서 외운 것처럼 'ERB EPS, ROE, ROA, BPS'는 높을수록 좋고, 'PPE RER, PBR, EV'는 낮을수록 좋다!

거래량(거래대금)

기업도 결국 장사하는 곳이다. 이해를 돕기 위해 집 앞에 있는 카페나 마트를 떠올려보자. 집 앞 카페에 사람들이 제법 많이 드나든다. 손님이 북적거리고 그 골목은 사람들이 좀 많이 다니는 곳이다. 당연히 장사가 잘될 것이다.

주식도 마찬가지다. 사람들의 관심이 많은 업종에서 수익 날 확률이 높고, 꾸준히 상승할 확률도 높다. 그리고 그중에서도 사람들이 많이 드나드는 가게, 그곳이 맛집일 확률이 높다. 거래량은 사람들의 발자취를 뜻한다. 그래서 거래량을 꼭 확인해야 한다.

거래량이 꼭 체크해야 할 지표 중 하나인 건 알겠는데, 주린이들은 어느 정도의 거래량이 적절한지 모른다는 게 문제다. 숫자만으로 확정지어 판단하기 어려운 부분이라 처음에 감이 안 잡힐 때는 거래량이 많은 순위가 정리된 페이지의 도움을 받는 것도 좋다. 거래량은 몇 번만 보면 그게 많은지 적은지 파악이 가능하다.

거래량이 적을 때

보유 종목 | 최근 조회 종목 | 관심그룹2 | 관심그룹1

총76개	현재가	리스트(대)	등록/삭제
주식			
*카카오 KOSPI 035720	478,500	▲ 5,000 336,474	1.06% 50.43%
*SK하이닉스 KOSPI 000660	145,500	▲ 9,500 6,399,425	6.99% 70.52%
대한약품 KOSDAQ 023910	33,400	▲ 650 18,619	1.98% 19.53%
케이씨티 KOSDAQ 089150	6,750	▲ 190 4,684,651	2.90% 61.80%
휴림로봇 KOSDAQ 090710	1,210	▲ 20 1,372,820	1.68% 53.79%
*일진머티리얼즈 KOSPI 020150	73,500	▲ 1,000 281,579	1.38% 41.46%
맥쿼리인프라 KOSPI 088980	11,100	416,398	39.37%
NI스틸 KOSPI 008260	3,380	▲ 20 624,357	0.60% 7.79%

거래량이 많을 때

관심그룹3 | 리츠 | 보유 종목 | 최근 조회 종목 | 관심

총76개	현재가	리스트(대)	등록/삭제
주식			
다날 KOSDAQ 064260	7,350	▼ 1,330 98,964,431	15.32% 384.34%
기가레인 KOSDAQ 049080	2,470	▲ 175 5,101,824	7.63% 387.63%
코오롱머티리얼 KOSPI 144620	3,615	▲ 150 3,308,041	4.33% 722.32%
유니온 KOSPI 000910	8,240	+ 1,900 38,190,748	29.97% 1,856.44%
NI스틸 KOSPI 008260	3,510	▲ 245 15,207,924	7.50% 2,453.90%
서원 KOSPI 021050	2,690	▲ 200 28,276,429	8.03% 2,885.24%
샘표 KOSPI 007540	51,600	▲ 2,150 376,433	4.35% 6,914.64%
동방 KOSPI 004140	10,800	▲ 500 37,483,034	4.85% 87.80%

형광펜으로 표시된 부분만 쭉 훑어본다. 나중에 스킬이 쌓이면 이 거래량도 절대값이 아닌 상대값으로 비교하며 체크하게 된다. '오늘 거래량이 다들 높은데, 이 종목은 유난히 낮네? 소외 종목인가?' 혹은 '오늘 거래량이 다들 적은데, 이 종목은 높네? 장이 하락할 때 안전하다고 생각해서 이 종목에 몰리는 건가?' 혹은 '가벼운 종목주가가 저렴한 종목은 거래량이 많아 보이지만 실제로는 이 정도보다 더 많이 나와야 하는구나', '무거운 종목주가가 비싼 종목은 거래량이 적어 보이는데 이 정도면 많은 거구나' 등 거래량을 계속 보면 다각도로 종목을 보게 되고 판단력도 생긴다.

추세확인

고학력자지만 사회에서 제대로 적응하지 못하고 변변치 못한 곳만 전전하는 사람이 있다. 반면 지방대학을 졸업했지만 중소기업에서 좋은 평가를 받아 중견기업으로, 다시 대기업으로 스카우트 제의를 받는 사람이 있다. 둘 중 누가 더 앞날이 창창할까? 열이면 열, 후자라고 답할 것이다. 주식 종목도 마찬가지다. 시작은 미약하나 끝은 창대할 기미가 보이는 종목이 가능성이 있는 종목이다.

우상향하는 차트

내가 고른 종목이 상승 추세를 보이는지 확인하는 것으로 추세확인은 끝이다. 자잘하게 상승하고 하락하는 움직임은 무시해도 좋다. 여기서는 큰 흐름이 중요하다. 연, 월, 주, 일을 순서대로 확인하고 우상향하고 있는지만 확인한다. 이때 기울기의 완만함과 급함은 신경 쓰지 않아도 된다. 어차피 추세확인만 하고 바로 매수할 게 아니니까, 상승 추세를 보이는지만 확인하고 패스하자.

자, 이렇게 하면 1차 서류전형이 끝났다. 3가지 서류전형에서 통과한 종목들은 나의 관심그룹에 들어와 있을 것이다. 나름 쟁쟁한 경쟁을 뚫고 통과한 종목들이므로 괜찮은 종목이 많을 것이다. 괜찮은 종목들 중에서 2차 면접전형을 통해 나와 맞는 종목을 찾아보자.

Plus Page +

주식보다 쉬운 ETF 알아보기

좋은 종목이 너무나 많은데, 거기에서 딱 한 가지만 고르기는 쉽지 않다. 그리고 신중하게 선별한 종목인데, 꼭 내가 선정한 종목은 안 오르고 같은 분야에 있는 다른 종목이 오르는 경우가 있다. 마치 머피의 법칙처럼 이런 일은 비일비재하다. 이런 점 때문에 주식의 직접 투자가 어렵다는 이들도 많다. 그런 사람들에게는 ETF를 추천한다.

한때 펀드 투자가 핫할 때 인덱스 펀드에 적립식으로 투자하라는 말이 유행처럼 돌았다. 인덱스란 여러 종목을 합쳐서 A가 오르든 B가 내리든 C가 오르든 상관없이 전체적으로 오르면 따라서 상승하는 펀드를 말한다. ETF도 이와 유사한 형태다.

삼성전자도 사고 싶고, SK하이닉스도 사고 싶고, 카카오도 사고 싶고, LG도 사고 싶은데, 문제는 그 종목들에 각각 투자할 돈이 없고, 그 많은 종목을 다 관리하는 것도 쉬운 일은 아니다. 또 여전히 어느 종목에 투자해야 할지 모르겠고, 종목을 고르는 게 어렵다면 ETF에 투자하면 좋다.

자산운용사에 따라 KODEX, TIGER, KINDEX 등으로 이름이 붙어서 ETF 상품이 만들어진다. KODEX는 삼성자산운용사가 만든 것이고, TIGER는 미래에셋자산운용, KBSTAR200은 KB자산운용사, ARIRANG은 한화자

KODEX200

TIGER200

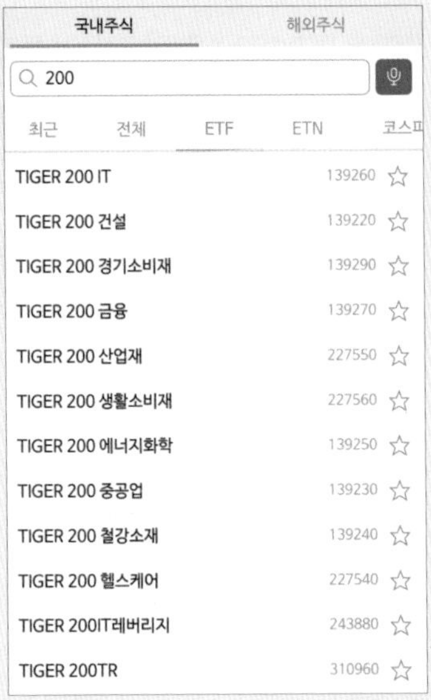

산운용사, KINDEX는 한국투자신탁운용사에서 만든 상품이다. 거의 동일한 세트 묶음이어도 운용사에 따라 이름이 다르게 붙는다. 예를 들어, 코스피200 ETF는 코스피 종목들 중에서 200여 개의 종목을 묶어놓은 주식 세트 상품으로, 운용사에 따라 KODEX200과 TIGER200이 있다. 운용사들이 어떤 종목들을 한 세트로 묶고 비중을 어떻게 짜느냐에 따라 조금씩 달라서, 상승과 하락의 비중도 다르다. 하지만 종목을 일일이 골라 포트폴리오를 짜는 것보다 이미 묶여 있는 세트 상품을 사는 것이니 주식 투자를 하기가 훨씬 쉽다.

ETF에 투자하고 싶다면 자신이 투자하고 싶은 곳을 생각하고, 운영하는 자산관리사를 선택하고, ETF의 거래량과 차트를 주식 종목을 고르는 것과 동일한 방법으로 확인한 후 매수하면 된다. 투자하고 싶은 종목이 너무 많아서 어디에 투자해야 할지 모르겠다면, ETF에 도전해보자.

적금주식 종목 선정 노하우
_2차 면접전형

1차 서류전형이 빠르게 끝난 것과는 달리 2차 면접전형에서는 비교적 많은 시간이 소요된다. 2차 면접전형의 목표는 바로 '감잡기'이기 때문이다. '흐름 잡기'라고 표현해도 좋다. 감을 잡는다는 건 나만의 기준이 생긴다는 걸 뜻한다. 1차 때처럼 단 몇 가지만 확인하고 패스하는 시기는 아니다. 좀 더 다각도로 심층적으로 살펴보고 판단해야 한다.

얼마에 사야 잘 산 걸까?

2차 면접전형의 목표는 매수하려는 종목의 '좋은' 가격대가 어디쯤인지 주가의 흐름을 잡는 것이다. 물론 그사이 급상승하는 종목을 보면 '아, 그때 고민하지 말고 바로 살걸' 하는 후회가 생길 수도 있다. 하지만 상승하는 것을 눈앞에서 놓친 것 같아 배가 좀 아프겠지만, 판단이 제대로 서지 않는 종목을 샀다가 손해를 볼 수도 있으니 무조건 신중해야 한다. 또 적금주식은 목표치에 다다를 때까지 꾸준히 가져가는 투자법이기 때문에 더욱 신중하게 종목을 골라야 한다.

그렇다면 좋은 가격대인 건 어떻게 알 수 있을까? 1차 서류전형을 통과하고 관심그룹에 들어와 있는 종목들을 계속 지켜보자. 수시로 가격대를 확인하고, 새로운 뉴스가 떴는지 보고, 기업에 이슈가 있다면 차트와 비교해서 살펴보자. '이런 뉴스가 떠서 종목이 올랐네', '이슈가 있는데도 차트 변동이 별로 없네?', '며칠 전부터 꾸준히 상승하던데, 오늘 실적 발표가 있어서 그랬구나' 등 시간을 들여서 관찰하면서 종목과 친해지는 시간이 필요하다.

처음에는 뉴스와 차트, 그리고 공시와 여러 경제 지표들의 움직임에 따라 종목이 변하는 게 복잡하기만 하고 어렵게 느껴질 수 있다. 그런데 종목과 친해지는 시간을 충분히 가지면 어느 순간 연관관계와 기준들이 보이기 시작한다. 종목이 하락해도 지금 손절해야 하는 위기인지, 아니면 추가 매수를 할 기회인지 판단할 수 있게 된다.

예를 들어, 현재 마트에서 팔고 있는 대파 한 단의 가격이 비싼지 아닌지를 파악할 수 있는 사람은 이전에 마트에서 대파를 사본 경험이 있거나, 대파의 가격을 봐두었던 사람이다. 살면서 지금까지 단 한 번도 마트에서 대파의 가격을 본 적이 없는 사람은 지금 가격이 비싼지 싼지 알 수 없다. 내 안에 실제 데이터가 쌓이지 않으면, 대파의 가격이 비싸다는 정보를 알고 있는 사람보다 비싸게 살 수밖에 없다.

차트 분석하기

1차 서류전형에서 고르고 고른 관심 종목들을 2차 면접전형에서 꾸준히 보면 이제 흐름이 조금씩 보인다. 무턱대고 남들이 좋다고 했던 종목만 골라 보던 때와 완전히 다른 게 보이기 시작할 것이다. 이쯤 되면 빨강, 파랑으로 괴상했던 차트가 의미 있게 보인다.

차트가 보이기 시작하면 정말 많은 정보를 알 수 있다. 나는 2차 면접전형을 진행할 때 차트 분석의 비중을 굉장히 높게 두는 편이다. 1차 때 봤던 추세확인과 거래량도 차트에서 확인이 가능하고, 캔들과 지지저항선도 차트로 볼 수 있다. 그 정도로 많은 정보가 담겨 있는 게 차트다.

주식 투자를 할 때 고급 스킬에 속하는 기술 분석은 보통 차트 분석을 말한다. 그중에서도 차트 분석의 꽃이라고 할 수 있는 '지지선, 저항선 찾기'는 매수자와 매도자의 싸움인 수급 싸움까지 연결돼 있기 때문에 꽤 어렵지만 알아두면 아주 유용하다.

앞의 차트를 보자. 얼핏 보면 그냥 오를 때는 급격하게 오르고 내려갈 때는 꾸준히 내려가는 모양새인데, 그러다 이제 다시 상승세로 접어드는 차트로 보인다. 하지만 이 차트에 선을 몇 개 그어보면 완전히 다른 게 보인다.

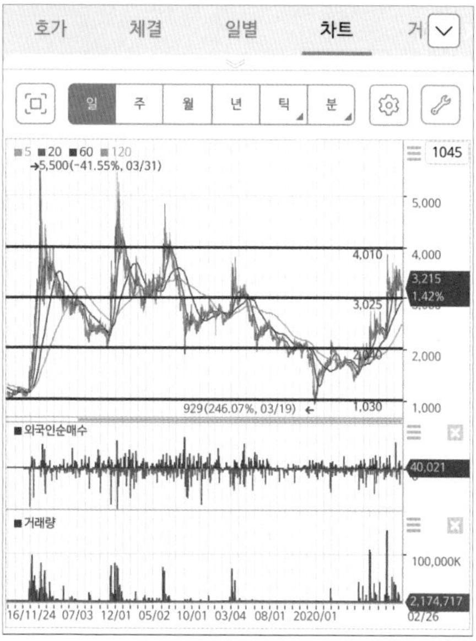

혹시 뭔가 다른 게 보이는가? 좋은 가격대를 찾아 매수하고 매도하는 근거가 생기는 게, 바로 이 지지선과 저항선이다. 차트를 다시 자세히 들여다보자.

거래량이라고 표시된 곳에 제일 긴 빨간 막대가 서 있고, 그대로 위쪽 차트를 보면 비슷한 위치에 빨간색 긴 막대가 있다. 거래량에서 오른쪽에서 두 번째에 있는 긴 빨간 막대를 보자. 거래량은 사람들의 발자취, 유동 인구다. 즉 사람들이 이날 이 종목에 많이 왔다는 뜻이다. 사람이 많이 왔다는 건 물건을 사러 왔거나 혹은 팔러 왔다는 뜻이니까, 많이 상승하거나 많이 하락하는 날이라는 걸 알 수 있다. 이날은 차트에서 확인해보니 많이 상승한 날이었다. 그럼 우리는 미루어 짐작할 수 있다. '이날 이 종목에 좋은 뉴스가 떴나?' 이 종목과 관련한 좋은 이슈가 생기면 사람들은 당연히 기업이 앞으로 더 잘될 거라고 기대하기 때문에 이 종목을 사려고 몰려들고, 파는 사람들은 사는 사람들이 많이 몰리니 자연히 가격을 높게 해서 팔았을 것이다.

그런데 차트에 그어놓은 선, 저기까지 오니 흥분했던 몇몇 사람들의 정신이 돌아온다. '저번에도 3,000원 즈음에서 주가가 꺾였는데, 이번에도 그러지 않을까? 이제 3,000원대 다 됐으니 팔아야겠다.' 그러면서 갑자기 사려는 사람보다 팔려는 사람이 많아진다. 사려는 사람보다 팔려는 사람들이 많아지면 '어? 왜 갑자기 저렇게 다 팔지? 이제 더 이상 안 오르나?' 싶어서 가격이 잠시 주춤한다. 이를 매수세가 밀린다고 표현하는데, 이쯤 되면 막 오르던 가격이 잠시 주춤한다.

'더 올라간다'고 생각하는 사람과 '이게 끝물'이라고 생각하는 사람들의 싸움이 붙는 시점이다. 이게 수급 싸움이다. 이때 '더 올라간다'는 매수자들 거래대금 이 많으면 주춤했던 가격 지지저항선 을 뚫고 다시 상승한다. '이게 끝물'이라는 매도자들이 많으면 그 자리에서 가격은 멈춘다.

지지선 vs. 저항선

과거부터 수급 싸움이 벌어질 때 '이 종목이 이 정도까지 왔으면 충분하다' 혹은 '한 번 더 생각해봐야 한다' 싶은 가격대가 있다. 그게 차트를 볼 줄 아는 사람들에게는 고스란히 나타난다. 물론 정확한 가격대는 체크하기 불가능하지만 어렴풋하게 어느 정도가 적당한지는 체크가 가능해진다. 이 가격대를 알고 주식 투자를 하는 것과 모르고 하는 것은 차이가 크다. 매수와 매도의 좋은 가격대는 지지저항선의 기준이 되기 때문이다.

주가는 일정 기간 추세를 이루면서 일정 범위 안에서 움직이는 습성이 있다. 이때 주가 움직임의 저점과 저점을 이은 선을 '지지선'이라고 하고, 고점과 고점을 이은 선을 '저항선'이라고 한다. 지지선과 저항선을 알면 매매 전략을 세울 때 유용하다. 일반적으로 주가가 상승할 때 저항선을 돌파하면 추가 상승할 것으로 예상하고, 주가가 하락할 때 지지선 밑으로 내려가면 추가 하락이 있을 것으로 예상한다.

지지저항선에 대한 분석이나 이해는 많은 분들이 특히 어려워하는 부분이다. 나도 주식 투자를 본격적으로 하고 있을 때도 지지저항선에 대해서 잘 몰랐다. 혼자 책도 보고, 주식 좀 한다는 분들한테 질문도 참 많이 했지만 가장 어려웠던 게 지지저항선이었다.

지지저항선은 주식을 사고파는 이들의 심리 싸움에서 일어나는 가격대다. 이 가격대가 여러 번 반복되는 걸 보면서 사람들은 '이 가격에서 더 이상 내려가지 않고 주춤하는구나' 하는 자신만의 시나리오를 짠다. 지지저항선은 이러한 시나리오를 짤 때 참고 지표 역할을 할 뿐이다.

주식 강의를 할 때 많은 분이 지지저항선에서 막힌다며 어려움을 토로하면 나는 항상 말한다. "어렵다면 우선 패스하고 다른 것에서 최대한 판단한 뒤에 적금주식에 들어가세요." 꾸준히 하다 보면 감이 잡힐 것이고, 차트가 보이기 시작하면 자연스레 지지저항선도 보이기 시작할 것이다.

봉차트 분석하기

차트 분석에서 지지저항선 이외에 또 봐야 할 것은 무엇이 있을까? 바로 캔들이다. 캔들은 차트를 이루는 빨갛고 파란 봉을 일컫는다.

캔들은 여러 가지 의미를 담고 있다. 오죽하면 캔들마다 각각의 이름이 붙을 정도다. 망치형, 도지형, 유성형 등. 하지만 이 이름을 굳이 다 외울 필요는 없다. 캔들이 어떻게 하면 저런 모양이 되는지 그 원리만 이해해도 봉차트를 분석하는 데 문제는 없다.

봉차트는 시가, 고가, 저가, 종가로 구성된 가격 차트로, 시가는 그날 장이 시작한 가격, 종가는 그날 장이 끝날 때의 가격이다. 고가는 하루 동안의 주가 중 가장 높은 가격, 저가는 하루 동안의 주가 중 가장 낮은 가격을 말한다.

봉의 통통한 몸통은 시가와 종가로 구성되며 봉의 꼬리인 기다란 선이 고가와 저가를 구성한다. 또한 봉의 색깔로 보면 봉차트에 양봉과 음봉이 있는데, 시가에 비해서 종가가 올랐느냐 떨어졌느냐에 따라 양봉과 음봉으로 나눈다.

양봉

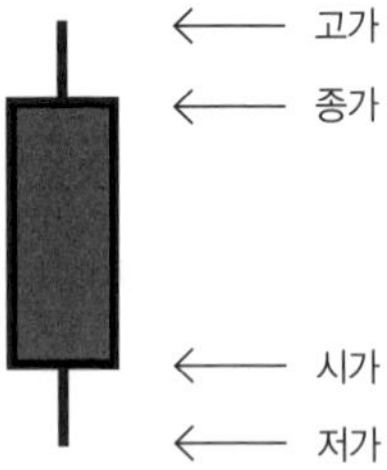

시가보다 종가가 높게 끝났을 경우 빨간색으로 나타난다. 양봉은 하루 중에 매도보다 매수가 활발하게 일어날 때 나타난다. 또한 양봉 몸통의 길이가 길면 길수록 매수세가 강하다고 보면 된다. 통통한 양봉의 몸통 위에 있는 선은 하루 중 고가에 도달하긴 했지만, 그 상태를 계속 유지하지 못하고 곧 떨어져서 고가를 유지하지 못한 것을 뜻한다. 몸통 아래에 있는 선은 하루 중 떨어지긴 했지만 이내 매수세가 나타나서 다시 오른 것을 말한다. 봉차트에서 양봉이 계속 발생하면 시장의 매수세가 활발하다는 증거다.

음봉

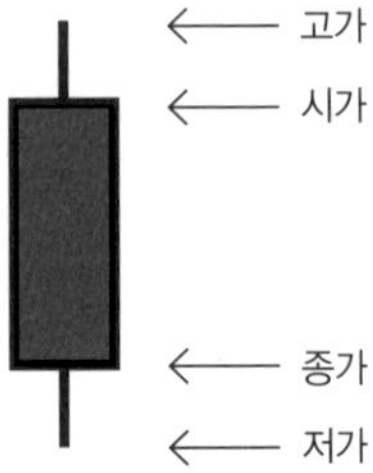

음봉은 시가보다 종가가 낮게 끝났을 경우 나타난다. 양봉과 반대로 음봉은 하루 중에 매수보다 매도가 활발하게 일어날 때 나타나는데, 음봉 또한 몸통의 길이가 길면 길수록 매도세가 강하다는 뜻이다. 음봉의 몸통 위아래로 있는 선도 양봉과 동일하게 해석하면 된다. 봉차트에서 음봉이 계속 발생한다면 시장의 매도세가 활발하다는 증거다.

단, 여기서 오해하면 안 되는 부분이 있다. 많은 사람들이 주가가 오르면 양봉이 보인다고 생각하는데, 그건 잘못된 해석이다. 봉차트에 양봉이 나타나는 것은 전날 주가보다 올랐기 때문이 아니다. 장이 시작된 시점보다 올랐다면 주가가 떨어졌더라도 양봉이 그려지고, 아침보다 가격이 떨어졌다면 당일 주가가 올랐더라도 음봉이 그려진다.

이동평균선 확인하기

차트에서 절대 빠질 수 없는 지표가 하나 더 있다. 바로 이동평균선이다. 줄여서 이평선이라고도 부르는데, 이것은 추세의 변동을 알 수 있도록 구간을 옮겨가면서 평균을 구하는 것을 말한다.

그림에서 왼쪽 상단에 있는 '5, 20, 60, 120'이라고 적힌 숫자와 그 숫자에 있는 색깔의 선을 자세히 보자. 숫자는 날짜를 의미하는 것으로, 각각 5일선, 20일선, 60일선, 120일선을 뜻한다. 이 선들은 그 기간 동안 주가를 평균 내고 점을 찍은 후, 이를 이어서 선을 만든 것

이다. 즉 5일선은 5일마다 평균가격에 점을 찍어서 연결한 선이라는 뜻이다. 각 선들이 의미하는 바가 달라서 5일선은 심리선, 20일선은 생명선, 60일선은 수급선, 120일선은 경기선이라고도 부른다.

이 선들이 순서대로 맨 위가 5일선, 맨 아래가 120일선 예쁘게 모두 상승하고 있는 건 '정배열'이고, 반대로 되어 있는 건 '역배열'이다. 흔히 정배열은 상승세를 탄 종목, 역배열은 하락세를 탄 종목이라고 이야기한다.

데드크로스

골든크로스

사람에 따라 다르지만 어떤 분들은 지지저항선 대신 이동평균선으로 매수하기 좋은 가격대를 잡기도 한다. 정답은 없다. 나는 자신이 분석한 방법으로 수익이 나면 결론적으로는 다 맞는 방법이라고 생각한다.

이동평균선을 이야기할 때 흔히 알려진 매매 전략이 있는데, 바로 데드크로스dead cross와 골든크로스golden cross다. 장기 이동평균선120일선이 단기 이동평균선5일선을 뚫고 올라오는 것을 데드크로스라 하고, 하락 추세로 전환된다는 걸 의미해서 반드시 매도해야 하는 시점으로 본다. 그리고 단기 이동평균선이 장기 이동평균선을 뚫고 올라오는 것을 골든크로스라 하고, 좋은 매수 시점으로 본다.

이동평균선은 추세 분석에서 가장 중요한 역할을 한다. 일정 기간 동안 주가의 평균치가 올라가는 과정인지, 내려가는 과정인지 파악함으로써 앞으로 이 종목이 올라갈 것인지, 내려갈 것인지 예측해볼 수 있기 때문이다. 차트 분석에서 이평선을 보는 이유가 여기에 있다.

사업보고서 확인하기

2차 면접전형에서 차트를 자세히 살펴보면서 고르고 고른 종목을 매수하기 전, 마지막 관문이 있다. 사업구조를 확인하는 것이다. 나는 개인적으로 4차 산업 종목을 선호하는데, 그래서 내가 투자하는 기업들은 대부분 4차 산업 관련 업종에 조금이라도 발을 걸치고 있다. 이처럼 자신의 투자 신념이나 방향에 맞는 종목을 찾으려면 사업구조를 꼼꼼하게 확인해야 한다.

IT 기업인데 곧 의류 사업을 시작하려고 하고, 외식업을 주로 하는 기업이 전기차 배터리에 투자하는 등 기존 산업과 전혀 다른 방향의 사업을 진행하거나 진행 예정인 경우가 많아서, 이를 확인하기 위해서는 사업보고서를 체크해야 한다. 우리가 뉴스로 자주 접하는 기업들은 굳이 사업보고서를 찾아보지 않아도 소식을 알 수 있지만, 가끔 '카더라 통신'이 있을 때도 있으니 확실하게 하기 위해서 사업보고서를 확인하는 걸 추천한다.

사업보고서는 금융감독원 사이트 DARThttp://dart.fss.or.kr에서 확인이 가능하다. DART에 들어가면 사업보고서, 반기보고서, 분기보고서가 모두 확인 가능하고, 각종 공시내역들도 볼 수 있다. 투자자에게 영향을 미칠 수 있는 것들은 모두 공개한다고 보면 된다. 그래서 투자하기 직전에, 관심그룹에 있던 종목들을 마지막으로 최종 점검할 때 사업보고서를 보는 것이다. 투자 시작 전에 보고, 종목 관리를 할 때도 틈틈이 확인하면 더 좋다.

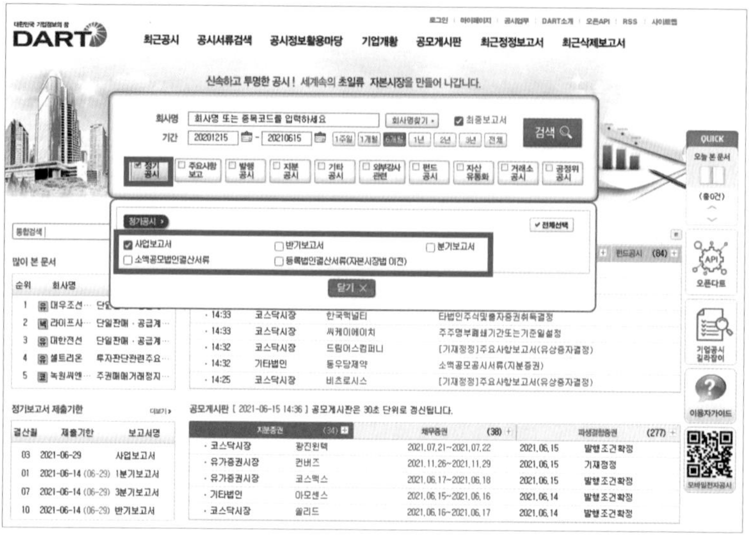

보고서를 볼 때 어렵고 생소한 용어들이 있다. 자주 등장하는 것들만 추려서 정리했다. 이 정도만 알아도 공시지표를 보는 데 어려움은 없을 것이다.

공시지표 체크 포인트

감자 : 주식 수를 줄인다.
증자 : 주식 수를 늘린다.
액면분할 : 액면가액을 일정하게 나누어 주식을 쪼갠다.
자기주식 인수/처분 : 회사 돈으로 주식을 사서 시장에 있는 주식 수를 줄인다.
전환사채(CB) 발행 : 회사에 돈이 필요해서 대출을 받는다.

공시지표를 볼 때 최대 주주와 주요 주주도 확인하면 좋다. 이 회사의 주식을 최대로, 혹은 많이 가지고 있는 회사들이 어디인지 확인해본다. 반대로 이 회사가 어디 회사의 주식을 많이 가지고 있는지도 확인한다. 그것도 이 회사의 성향과 발전 방향, 투자 성과와 실력 등을 알 수 있는 지표가 되기 때문이다. 예시 : 국민연금공단이 최대 주주로 있는 종목, ○○회사에 최대 주주로 있는 종목, ××회사의 최대 주주인 △△회사 등

Plus Page + 종목 선정 1차, 2차 해보기

<1차 서류전형>

종목명		업종		배당금	
한 줄 설명					

거래량	현재		통과 여부		상승추세		통과 현황		
	높을 때		O	X			O	X	
재무	순이익		통과 여부		특별 심사	경쟁업체 재무현황			
	자산 현황		O	X		동종업종 재무현황			

<2차 면접전형>

종목 설명	
관련업종 최근 분위기	
최근 공시	
종목 관련뉴스	
업종 관련뉴스	
기타	

매수하고 싶은 이유			
매매 전략			
목표 수익률		이유	

날짜	매수 주가	수량	평단가	평가 수익	총투자금	분봉 / 호가 창 분위기

매도 가격	원	수익률	%	투자금		최종 금액
매도 수량	개			수익금		

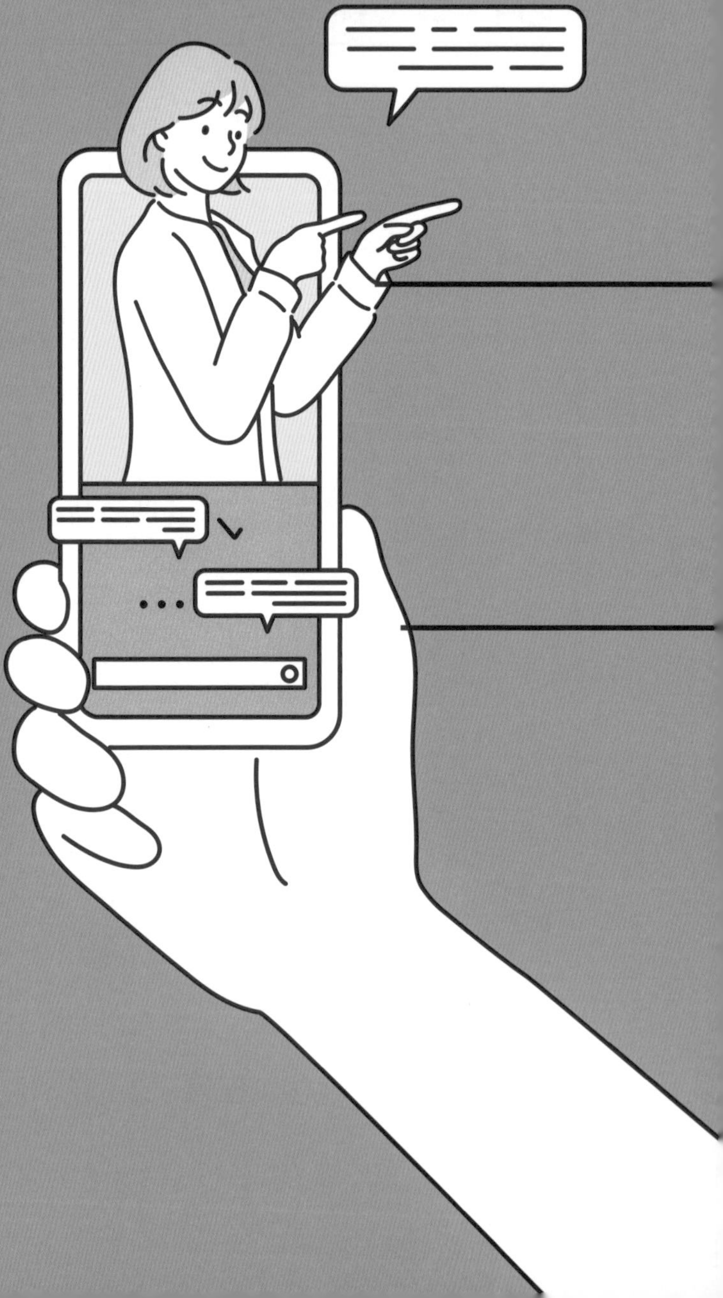

PART 4

무조건 수익 내는 적금주식 실전 투자법

적금주식은 쉽고 간단하며 안정적으로 수익을 얻을 수 있는 주식 투자법으로, 상승장은 물론이고 하락장에서도 수익이 나는 주식 매매법이다. 누구나 할 수 있으니 실전 투자법을 차근차근 따라 하면서 적금주식을 시작해보자.

적금주식을 시작합니다

이제 준비는 모두 끝났다. 적금주식을 시작해보자. 적금주식의 핵심은 간단하다. '매일', '일정한 금액'을 '꾸준히 매수'하고, '설정한 목표'에 도달하면 '매도'하는 것이다. 이것만 잘 지키고 나머지는 자신의 성향과 상황에 따라 조절하면 된다.

누구나 쉽게 할 수 있는 적금주식 투자법

적금주식 방법은 정말 쉽다. 앞서 종목 선정 노하우의 1차 서류전형,

2차 면접전형을 통과한 종목 중에 한 종목을 골라 목표한 금액까지 매일매일 적금 넣듯이 매수한다. 그리고 각 종목에 맞는, 혹은 내가 만족할 만한 수익이 생기면 바로 매도한다. 그리고 그날 바로, 혹은 그다음 날부터 수익금을 포함해 다시 적금 넣듯이 매수한다.

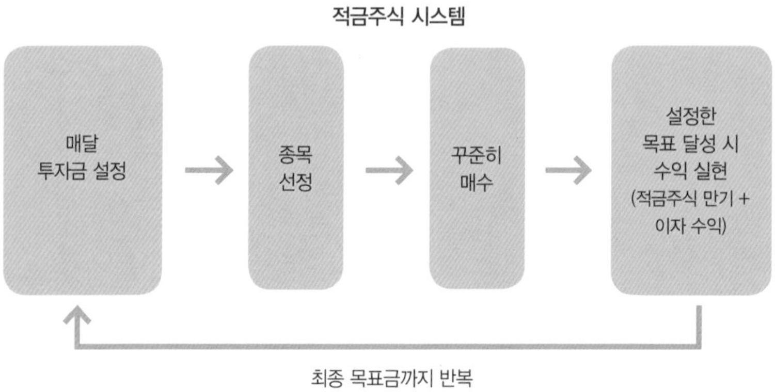

이게 적금주식 시스템의 전부다. 이 방법으로 주부인 나는 투자 원금을 차차 불려나갔다. 적금주식 덕분에 신축 아파트로 이사 갈 수 있었고, 작은 건물까지 매입해서 월세도 받고 있다. 내가 시드머니가 많았을 거라고? 전혀 아니다. 주식을 맨 처음 시작했을 때, 전 재산이 200만 원도 채 안 됐다.

큰돈은 필요하지 않다. 적금주식 시스템을 빡세게 굴려서 '빠른 시일 내에 집 살 돈을 뽑겠다', '빠른 시일 내에 목돈을 모으겠다', '목돈을 만들어 거기서 나오는 수익금으로 매달 생활비를 쓰겠다' 등 나만의 목표를 설정하고 그 방법으로 활용할 수 있다.

적금주식 하는 법

매달 적금주식에 투자할 금액을 정한다(예 : 500,000원).

↓

목표를 설정한다(예 : 수익률 10%가 되면 매도한다).

↓

적금주식에 투자할 종목을 결정한다(예 : A 종목 1주당 평균 7,000원).

↓

투자 금액 ÷ 20일 = 25,000원(1일 매수 가능 금액)

(주식 거래가 안 되는 주말을 제외한 평일 월~금요일 1주에 5일×4주 = 20일+α)

↓

25,000원 ÷ 7,000원 = 1일 약 3주 매수 가능

(주식 가격은 매일 달라지므로 1일 25,000원 내에서 매수 가능한 만큼 매수한다)

↓

매일 정해진 금액으로 동일 종목을 매수하고,
설정한 목표에 도달하면 매도한다.

적금주식 투자에 대해 좀 더 상세한 예를 들어 살펴보자.

예시 1 매일 2만 3,000원씩, 수익률 15%가 될 때까지 적금주식

석진 씨는 월급 중 고정 지출 내역을 제외한 저축/투자 가능 금액이 월 50만 원이고, 이 돈으로 적금주식을 하려고 한다투자금 설정. 50만 원을 20일 영업일 기준으로 나누면, 하루에 2만 5,000원을 투자할 수 있다. 석진 씨는 5년 후 결혼할 계획이라, 5년 뒤에 목돈이 필요하다고 가정한다투자 기간 및 목표 설정. 현재는 한 달에 투자할 수 있는 돈이 50만 원이지만, 5년 동안 투자 가능 금액이 점차 늘어날 것으로 가정하고 종목을 고른다.

몇몇 눈에 들어오는 종목이 생긴다. 이 종목들은 재무제표에서 순수익이 매년 증가하고, 동종 업계 중에서 높은 편이다. 또한 부채비율도 낮은 편이다. 차트는 꾸준히 우상향하고 있으며, 거래량은 많은 편에 속한다. 몇 달 전부터 꾸준히 뉴스에 오르내리는 종목들이다 1차 서류전형. 골라낸 몇 개의 종목을 두 달 가까이 관찰하다가 그중 B라는 종목으로 투자를 하고 싶은 마음이 굳어졌다.

어느 정도 마음을 정한 석진 씨는 이제 이 종목을 상세히 살펴보기 시작한다. 뉴스들을 수집하고 공시를 펼쳐놓고 차분히 분석한다. 공시가 뜬 날짜와 뉴스가 뜬 날짜에 차트가 어떻게 움직였는지 대조해보기도 한다. 앞으로 있을 관련 이슈들이 무엇이고, 이 회사의 경영 철학이 어떤지, 운영 방식이 어떤지, 어떤 업종에 공격적으로 투자하며, 언론은 이 회사를 어떻게 평가하고 있는지 등을 꼼꼼하게 살핀다2차 면접전형.

여기까지 확인이 끝난 석진 씨는 B가 대기업 우량주이기 때문에 빠른 시일 안에 수익이 나지 않더라도 5년이라는 여유 기간이 있고, 요즘 장이 좋은 편이라 과감하게 목표 수익률을 15%로 정한다. 목표 수익률이 높고 주가 변동이 둔한 종목이라 목표 수익률 달성까지는 다소 느리겠지만 대기업이기에 원금을 잃을 걱정이 없다는 것도 큰 장점으로 꼽았다.

이렇게 나름의 검열 과정을 모두 끝내고 석진 씨는 매일 2만 5,000원 내에서 주식을 매수한다실전 투자. 그리고 매일 몇 주씩 샀는지, 얼마에 매수했는지 매매일지를 쓰고 유난히 주가가 떨어졌거나 오른 날에는 그날 있었던 이슈를 함께 메모한다. 투자 기간은 5년으로 설정했지만, 자신이 목표한 수익률 15%에 도달하면 매도 후 다시 목표와 금액을 설정해서 재투자한다.

예시 2 월 200만 원씩, 3년 후 1억 원을 목표로 적금주식

지민 씨는 아이가 셋인 다둥이 엄마다. 아이들이 초등학교에 입학하기 전에 빨리 목돈을 모아서 새집으로 이사 가기로 결심했고, 매달 200만 원씩 적금주식에 넣기로 한다투자금 설정. 3년간 월 200만 원씩 모으면 원금만 계산하면 7,200만 원이지만, 수익을 포함해 1억 원에서 1억 3,000만 원을 목표로 잡았다투자 기간 및 목표 설정.

코스닥과 코스피에서 우상향하는 종목들, 그리고 주가가 빠르게 오르고 있는 종목들을 먼저 골라낸다. 그 종목들 중에 재무에서 순수익이 증가하는지, 부채와 자산 비율이 어떤지, PER은 1~10 사이인지, ROA와 ROE 모두 동종 업계와 비교했을 때 괜찮은지 살펴본다. 그렇게 종목 몇 개를 골라내 관심그룹에 등록한다1차 서류전형.

지민 씨는 골라낸 종목들 중 가장 많이 들어본 종목 순으로 나열한 후 종목들을 모두 분석하기 시작한다. 재무제표와 공시를 비교하면서 전체적인 회사 부채 규모, 자산 규모를 보고, 사업계획서를 비교하면서 이 회사가 동종 업계에서 어떤 식으로 전략을 짜고 이익을 창출하려고 하는지 확인한다. 그리고 뉴스와 각종 정보들을 수집해 이 회사의 평판과 현재 주가를 비교한다2차 면접전형.

몇 가지 종목을 뽑은 지민 씨는 서로 다른 업종이면서 빠르게 성장할 것이라 예상되는 종목 2개를 고른다. 매일 10만 원씩200만 원÷20일 영업일 투자하기로 결정했는데, 한 종목의 가격이 평균 7만 원이라 두 종목에 투자하는 것은 안 될 것 같아 한 종목만 선택해 꾸준히 매수하기로 결정한다.

복리 효과로 수익을 빨리 내기 위해 지민 씨는 목표 수익률을 5%로 낮게 잡았다. 지민 씨는 수익률이 5%까지 오르면 바로 팔고, 그다음 날 수익금까지 합쳐 재매수에 들어가는 방식의 적금주식 투자법으로 투자를 시작한다. 이렇게 최종 목표액 1억 원이 될 때까지 적금주식을 굴린다실전투자 .

적금주식은 그동안 내가 직접 해본 주식 매매법 중 단연 가장 쉽고 간단하며, 높은 수익률을 보장한다. 처음에는 조금 허둥댈 수도 있다. 종목을 고르는 1, 2차 전형을 꼼꼼하게 하지 않아서 안 좋은 종목을 선택했거나, 목표 설정을 너무 과하게 했거나, 갑자기 급등하는 차트에 혹해서 매도를 하는 등 적금주식의 모토를 어겨서 실패할 수도 있다.

하지만 한 가지는 확실하다. 적금주식의 모토만 잘 지켜서 한다면, 실패할 확률은 적은 주식 매매법이다. 그런 의미에서 적금주식의 실전 방법을 스텝별로 상세하게 다시 한 번 짚고자 한다. 부디 이 책을 읽는 모든 분들이 적금주식 투자법으로 자신의 목표에 도달하길 바란다.

STEP 1.
적금주식 종목 선정 노하우를 적용하자

어떤 주식 투자법이든 좋은 종목을 골라야 한다는 사실은 바뀌지 않는다. 종목을 고르는 방법은 3장에서 살펴보았던 1차 서류전형, 2차 면접전형을 통해 골라내면 된다. 1, 2차를 꼼꼼하게 거쳤다면 대개 평타 이상은 하는 종목이라 할 수 있다. 다만 자신이 하는 매매법과 맞는지, 수익을 낼 수 있는지는 따져봐야 한다.

여기서는 내가 예전에 투자했던 맘스터치와 삼진엘앤디를 간단한 예로 들어보았다. 종목 선정과 매수 시기에 대한 실제 사례로 참고해주길 바란다.

어떤 종목으로 할까?

단기투자는 선택한 종목의 주가가 빠른 시일 내에 상승할 것인가에 집중한다. 그래서 단기투자자는 재무 상태는 조금 덜 탄탄해도 매수를 강행하는 경우가 종종 있다. 이 회사가 위기에 봉착해서 집문서 들고 나오기 전에 털어버릴 테니까 말이다. 그래서 단기투자의 종목을 고를 땐 당장의 이슈와 사람들의 관심모멘텀에 좀 더 비중을 싣는다. 하지만 장기투자에 속하는 적금주식은 다른 것을 봐야 한다. 단기투자를 할 때보다 좀 더 전반적이고 전체적인 그림을 그릴 수 있는 종목을 골라야 한다.

적금주식 종목을 고를 때는 이 회사가 업계에 자리한 위치, 사업 방향, 모멘텀, 재무구조, 사업계획서, 이제껏 사람들이 판단했던 회사의 가치 등 회사에 대한 여러 정보를 통해 다각적으로 분석하고 판단할 필요가 있다. 예를 들면, 이번에 순수익이 좀 줄었는데 원인이 무엇인지, 수출하는 나라에서 관세를 올려서 그런 것인지, 생산 공장에 노조 문제가 잦아서 생산이 여의치 않아서 그런 것인지 등등 세심하게 살펴보고 뉴스와 재무제표를 연결해보며 원인을 찾으려고 노력해야 한다.

그런데 이런 식으로 모든 종목을 다 따지면 투자 종목을 고르는데 엄청 오랜 시간이 걸린다. 그러니 1차 서류전형에서는 가볍게 훑고, 거기에서 선별된 종목들 중에 투자하고 싶은 종목이 있다면 그때 2차 면접전형에서 깊게 따져 물으면 된다.

물론 쉽지 않다. 투자를 시작하지도 않았는데, 초반에 너무 힘을 빼서 지치기도 한다. 하지만 적금주식은 '한 놈만 패는' 매매법이기 때문에, 처음에 분석을 잘 해놓으면 사고팔고, 또 사고팔기를 할 때 종목 공부한다고 두 번 고생하지 않아도 된다.

언제 사는 게 이득일까?

매일 적금처럼 사야 하는 주식, 들어가는 시점은 언제부터로 잡아야 할까? 종목도 결정했고 매일 투자금도 설정했는데, 문제는 오늘 당장 들어가려고 보니 왠지 너무 높은 가격으로 첫발을 내딛는 것 같다. 단 10원이라도 싼 가격으로 그 종목을 사고 싶은데…. 아마 다들 공감할 것이다. 누구나 그렇다. 특히 초보 투자자들은 내가 지금 사려고 하는 이 주식의 가격이 현재가 제일 비싼 것 같은 기분에 사로잡힌다. 나도 그 느낌이 뭔지 안다.

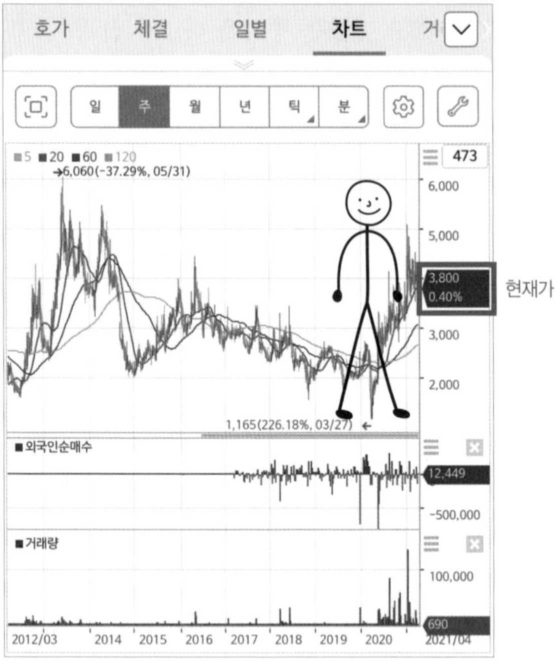

그런 사람들을 위해서 나만의 방법을 이야기하면, 우선 적금주식으로 투자할 종목의 차트를 연다. 그리고 과거부터 현재까지의 차트 흐름을 보고, 차트 위에 사람을 한 명 그린다. 이때 과거부터 현재까지의 차트에서 주가가 가장 높았던 곳에 머리를 그리고, 주가가 가장 낮았던 곳에 발끝을 맞춰 그린다.

차트 위에 이렇게 사람을 그려놓고, 종목의 '현재가'가 어디쯤에 와 있는지 본다. 현재가가 어디에 와 있는가? 명치? 그럼 된다. 이 종목이 움직일 수 있는 영역 안에서 현재가가 몇치쯤에 와 있다면 가장 비싼 시점에 들어가는 건 아니라는 거다. 1, 2차 종목 선정을 모두 통과한 종목이므로, '오늘은 명치지만 내일은 무릎까지 고꾸라지는 건 아닐까?' 하는 고민은 하지 않아도 된다. 덧붙여 여기서 최근 거래량이 많이 몰린 곳에서부터는 어디부터 어디까지 움직이는지 보면 좋다.

"무릎에서 사서 어깨에서 판다"는 말을 수도 없이 많이 듣는다. 적금주식도 그렇게 하면 더욱 좋겠지만, 어깨까지 오르기에는 오랜 시간이 필요하다. 예시 차트만 보더라도 무릎인 2,000원에서 어깨인 5,000원까지 오르는 데 무려 1년이라는 시간이 걸렸다.

적금주식을 할 때 목표 수익률을 높게 잡으면 잡을수록 투자 기간은 오래 걸린다는 걸 명심해야 한다. 더불어 모든 종목이 그런 건 아니지만, 현재가가 머리에 있는 종목은 오를 확률보다 떨어질 확률이 더 높다는 것도 명심하자.

더 정확한 설명을 위해 내가 직접 경험했던 투자들을 예시로 살펴보자.

예시 1 맘스터치(구 헤마로푸드서비스)

예전에 맘스터치가 갓 출시되었을 때 햄버거를 좋아하는 남편이 대박 맛집을 발견했다며 나를 이끌었다. 그곳이 맘스터치였다. 당시 맘스터치는 저렴한 가격에 빵빵하고 두둑한 구성을 자랑했고, 패스트푸드계의 혜성으로 떠오르고 있었다. 가성비가 좋아서 햄버거를 그다지 좋아하지 않는 내가 먹어도 괜찮다는 생각이 들 정도였다. 그때 관심이 가서 뉴스를 찾아보니 전국적으로 체인점이 늘어나고 있던 상황이었다. 투자 가능성에 확신이 생겼다.

재무제표를 확인하고, 공시, 뉴스, 차트를 분석했다. 당시 맘스터치 주가는 2,000원 초반이었고, 차트 위에 사람을 그려봤을 때 현재가가 배꼽 정도의 위치였다. 상승 추세를 보이고 있었고, 맥도날드, 버거킹, 롯데리아 같은 경쟁 기업들과 맞붙기 전까지는 주가가 더 상승할 여력이 있다고 판단했다.

경쟁 업체가 워낙 쟁쟁했기 때문에 목표는 높게 잡지 않았다. 전체 수익률 5%를 목표로 설정했고, 1주 가격이 저렴해서 100주, 200주 쭉쭉 모았다. 그리고 대략 한 달 만에 수익률 6%를 달성해서 매도했다.

예시 2 삼진엘앤디

삼진엘앤디는 삼성SDI 대신에 모으게 된 종목이었다. 삼성SDI로 적금주식을 하고 싶었는데, 너무 비싸서 적금주식으로 굴리기가 어려웠다. 그래서 나름 그 갈증을 해소한 게 삼성SDI에 납품을 하고 있는 삼진엘앤디였다.

당시 삼진엘앤디는 순이익은 조금씩 줄어들고 있었지만 나름 준수했다. 유보율 또한 1:1에서 조금 더 자본금이 많은 상태였고, 배당은 3%대였다. 무엇보다 차트가 너무 예뻤다. 거래량도 충분하고, 차트가 빠르게 움직이고 있었다. 상승장이었기에 목표 수익률은 과감하게 13%로 잡았다.

결론부터 말하면 대략 4개월이라는 시간 동안 삼진엘앤디는 나에게 총 11번, 9~16%의 고수익을 안겨주었고 추가로 3%의 배당 수익도 챙겨주었다. 상당히 빠른 속도로 수익을 남겼기 때문에 내게는 짧은 기간 동안 목돈을 빠르게 만들 수 있었던 고마운 종목이다.

STEP 2.
나의 자산부터 정리하자

적금주식을 시작하기 전에 내 자산을 정리해야 한다. 투자는 무엇보다도 자산을 불리는 재테크이기 때문에 전체 재산의 몇 퍼센트를 투자할 것인지, 내가 원하는 바가 무엇이고, 그러려면 얼마가 언제까지 필요한지 스스로 파악하고 계획하는 과정이 꼭 필요하다. 특히 적금주식은 한 달에 고정 금액을 적금처럼 투자하는 것이므로, 내가 지금 돈이 얼마나 있고 한 달에 월급에서 얼마를 떼어서 적금주식에 넣을 수 있는지 파악해야 한다. 그렇기 때문에 자산 정리는 반드시 해야 한다.

아래 표를 채워보자. 헷갈리거나 모르겠다 싶으면 카드내역서나 계좌내역을 조회하거나, 대략적인 금액을 뭉뚱그려 적어도 좋다.

<table>
<tr><th colspan="4">나의 자산 점검표</th></tr>
<tr><td>고정 수입</td><td>원</td><td rowspan="2">총수입</td><td rowspan="2">원</td></tr>
<tr><td>기타 수입</td><td>원</td></tr>
<tr><td>고정 지출</td><td>원</td><td rowspan="3">총지출</td><td rowspan="3">원</td></tr>
<tr><td>변동 지출</td><td>원</td></tr>
<tr><td>기타 지출</td><td>원</td></tr>
<tr><td colspan="2">순수익(총수입 - 총지출)</td><td colspan="2">원</td></tr>
<tr><td colspan="2">투자 가능 금액</td><td colspan="2">원</td></tr>
</table>

한 달 기준으로 작성하면 되는데, 짝수 달과 홀수 달의 수입이 다르거나 수입이 비고정적인 자영업자는 12개월을 각각 작성하면 된다. 가장 중요한 건 한 달에 투자 가능 금액이 얼마인지를 파악하는 것이다. 금액이 파악되면 이걸 평균화하여 매달 투자금을 일정하게 맞추는 것이 좋다. 그래야 주가가 들쭉날쭉할 때 균일한 속도로 주가를 따라가 평단을 맞출 수 있기 때문이다. 매달 고정 수입이 들어오는 직장인이 좀 더 계산하기 편하다. 자영업자의 경우는 투자 금액을 정해놓고 남으면 남겨놓았다가 모자란 달에 채워 넣어 정액을 맞추는 것을 추천한다.

투자 가능 금액을 설정하는 것이 중요한 이유는 초보 투자자가 마구 오르는 차트에 혹해서 모아둔 돈을 몰빵해서 투자하거나, 혹은 대출을 받아서 주식에 넣는 걸 방지하고, 월급을 체계적으로 관리하기 위해서다. 동시에 종목의 계좌를 효율적으로 관리하기 위함이기도 하다.

이런 정리를 통해 월급과 지출, 그리고 순수하게 남는 금액을 체크하면 몇 년 뒤에 얼마까지 모을 수 있고, 재산은 얼마까지 불릴수 있는지 체크할 수 있다. 자산 밸런싱을 맞추면서 동시에 적금의 안전성 및 주식의 빠름, 거기에 복리 수익을 확보할 수 있는 것이다. 빠르지만 확실하게, 이것이 바로 적금주식의 가장 큰 장점이다.

목표 설정으로 적금주식에 이름 붙이기

정리된 투자 가능 금액과 목표금 설정을 조금 더 효율적으로 하는 방법이 있다. 재테크에 관심이 있는 사람들이라면 '적금통장에 이름 붙이기'가 뭔지 알 것이다. 이름 그대로 적금의 목적을 이름으로 붙이는 건데, '배낭여행 비용', '아이의 대학 등록금', '전세금' 등 붓고 있는 적금의 목적을 이름으로 한다. 적금주식도 같은 방법을 쓰면 좋다. 별것 아닌 것 같지만 목표를 달성하는 데 큰 원동력이 된다.

나이를 먹으면 먹을수록 인생에 숙제가 많이 생긴다. 대부분 돈에 대한 숙제다. 결혼자금 모으기, 아이들 학자금 모으기, 내 집 마련자금 모으기, 노후자금 모으기, 부모님 부양자금 모으기 등. 갑자기 준비하려면 어렵지만 하나씩 차근차근 준비하면 결코 못 할 숙제는 아니다.

나는 이와 같은 방식으로 적금주식을 종목별로 이름을 정해 인생 목표와 내가 이루고 싶은 돈의 목표들을 붙였다. 만기일자는 수익률과 무관하게 유지하는 용도다. 만약 내가 투자하고 있는 적금주식

이 한 달 만에 수익률 10%를 달성하면 매도 후 원금과 수익금을 더해서 같은 종목으로 또 적금주식을 넣는다. 그렇게 어떤 적금주식은 20년 동안 매수와 매도를 반복하면서 유지하고, 어떤 적금주식은 1년 동안 유지할 계획이다. 이렇게 각각 이름이 붙은 몇 개의 적금주식을 굴리고 있다. 여행적금이나 단기로 목돈이 필요한 경우도 이름을 붙여서 적금주식으로 굴린다.

처음에 자산을 정리할 때는 현금흐름 정리수입과 지출 총정리부터 현재 총재산 점검까지 파악하고 계획을 세우느라 오랜 시간이 든다. 하지만 모든 파악이 끝나고 적금주식을 시작해서 목표 수익률에 도달하면 팔고, 그다음 날부터 또 사고팔고 하다 보면 눈 깜짝할 사이에 나의 목표에 도달해 있는 것을 볼 수 있다.

헬로마녀 tip. **목표 설정하는 법**

적금주식을 할 때 목표 설정이 중요한데, 이걸 어려워하는 사람들이 많다. 특히 초보 투자자들은 고른 종목이 어디까지 오를지 그 폭을 짐작하기 어려워서 주식 강의를 할 때도 이 부분에서 도움을 요청하시는 분들이 많았다.

나의 경험에 빗대어 설명하면, 나는 평균적으로 우량주는 7%, 작은 종목은 10~15%로 목표 수익률을 잡는다. 하지만 이 또한 절대적인 기준은 아니다. 종목마다 상승할 때 최고치로 오르는 상승폭이 다르기 때문에, 차트를 보면서 목표 설정을 조정하면 좋다. 목표 설정을 해놓고 주식 시장 상황을 보면서 중간에 조정하는 것도 방법 중 하나다.

STEP 3.
나의 적금주식을 관리하자

'매수하기' 버튼을 누른 순간, 적금주식 투자는 시작됐다. 목표 설정을 명확하게 해놨으니 그 목표에 도달하기까지 우리가 할 일은 그저 매일 성실하게 매수하면 된다. 이렇게 하고 나니 다른 주식 매매법과 달리 왠지 중간에 시간이 비는 기분이다. 다른 매매법보다 여유가 있다고나 할까? 적금주식 매수 후, 목표를 달성하여 매도하기 전까지 무엇을 해야 할까?

종목 관리는 필수

주식을 샀으면 관리를 해야 한다. 물론 평단가 관리는 추세선을 따라 매일 분할매수매일 사는 것하는 것으로 해결되지만, 종목은 따로 관리를 해줘야 한다.

종목 관리가 왜 필요할까? 주식을 꾸준히 하다 보면 주식이 마이너스인 채 내 계좌에 남아 있는 상황이 더 많다. 왜냐하면 플러스가 된 주식은 팔기 직전이거나 이미 팔아서 내 계좌에 남아 있지 않을 테니, 내 주식 계좌에는 파란색일 확률이 높을 수밖에 없다. 나는 주식은 수익을 많이 보는 것도 중요하지만, 손해를 적게 봐야 한다고 생각한다. 소중한 내 돈이 마이너스가 되지 않게 관리하면 자연스럽게 돈이 쌓이는데, 그러려면 종목 관리는 꼭 필요하다.

종목 관리는 적금주식 매매법이 아니어도 중요하다. 단타를 치더라도 어느 순간 물리면 어떻게든 이를 플러스로 전환시켜야 하기 때문이다. 어떤 때는 적게 마이너스 났을 때 빨리 손절하는 것도 답일 수 있지만, 그런 종목이 쌓이면 결국 원금까지 잡아먹히게 되니 조심해야 한다.

이처럼 모든 매매법에서 종목 관리는 필수인데, 적금주식을 할 때 종목 관리는 더욱 중요하다. 왜냐하면 단타로 치고 빠지는 게 아니라 목표 수익률에 오를 때까지 꾸준히 가져가는 것이기 때문에, 관리를 하지 않으면 수익은커녕 고꾸라지는 적금주식을 보게 될 수도 있다.

적금주식에서 종목 관리를 할 때는 여러 가지를 챙겨야 한다. 넓게는 전반적인 경제 상황 전체를 살펴야 하고, 세부적으로는 내가 매수한 각 종목의 상태를 살펴야 한다. 화분을 하나 키울 때도 햇볕을 충분히 쬐였는지전반적인 경제 상황, 물은 적당한지종목의 상태 살펴주듯 주식도 그렇게 살펴야 한다. 적금주식을 할 때 내가 실천하는 종목 관리법은 각 종목의 뉴스와 공시를 꾸준히 관찰하는 것이다.

뉴스 분석은 꼼꼼히

뉴스는 2가지로 분류할 수 있다. 첫 번째는 경제와 주식 시장 전반에 영향을 미치는 뉴스다. 주로 세계 경제의 흐름, 금리, 선물옵션, 원자재, 국가부채, GDP 등에 관한 뉴스다. 두 번째는 종목의 개별 뉴스로 그 종목의 업계 현황, 그 회사에 해당되는 세금 및 무역 장벽, 혹은 주로 매출을 올리는 분야의 경기 등이 있다. 이 2가지 뉴스는 잘 구분해야 한다.

화분에 빗대면 이렇다. 화분을 하나 샀는데, 장마 때문에 요 근래 계속 구름이 낀 탓에 햇빛을 못 받아서 화분이 시들시들하다. 그런데 우리는 날씨는 생각하지 않고 '왜 화분이 시들시들하지? 내가 잘못 샀나? 내가 물을 너무 많이 줬나?' 하는 생각만 하다가 결국 화분을 폐기해버린다. 첫 번째 뉴스를 두 번째 뉴스로 오해한 것이다. 날씨가 좋아지고 햇빛만 충분히 받아도 금방 살아나고 꽃을 피울 화분인데, 헛다리짚어서 버려버린 꼴이다.

주식도 똑같다. 한 종목이 맘에 들어서 적금주식을 시작했는데, 차근차근 잘 오르던 주가가 어느 날 갑자기 조금씩 내려가기 시작한다. 그럼 대부분은 '내가 종목을 잘못 선택했나?'라는 생각을 하면서 원인도 찾지 못한 채 결국 손절한다. 그 전에 먼저 이 종목의 하락이 종목 자체의 악재로 인한 것인지, 경기가 안 좋아서 외부 영향을 받은 것인지, 아니면 다른 이슈가 있는 것인지 체크해야 한다.

이런 것들을 체크하려면 경제 전반에 대한 뉴스도 놓치지 말고 봐야 한다. 예를 들어, 내가 적금주식으로 굴리고 있는 A 종목이 중국에 수출을 많이 하는 기업이라면 중국 관련 기사와 현시점의 한국과 중국의 관계, FTA, 관세, 환율 등 각종 뉴스를 체크하는 것이다. 이런 종류의 경제, 정세에 대한 문제는 종목에 문제가 없어도 주가의 상승과 하락을 야기하므로 투자에 초점을 두고 판단해야 한다.

1, 2차 종목 선정 때 꼼꼼하게 했어도 주식은 변수가 워낙 많기 때문에, 뉴스와 공시의 분석이 중요하다. 시장 전반의 흐름을 체크해 경제의 흐름, 주식 시장에 돈이 유입되는 것을 꾸준히 관찰하면서 동시에 내가 투자하는 종목과 관련 있는 뉴스는 따로 챙겨서 더욱 꼼꼼하게 분석하면서 관리해야 한다.

경기 흐름 파악하기

주식 시장의 큰손이라 할 수 있는 기관, 연기금, 외국인 투자금의 이동을 틈틈이 살펴야 한다. 이것은 말하자면 돈의 흐름이 어디로 가는지 알 수 있는 부분인데, 잘 파악하면 나의 적금주식 종목이 왜 부진한지 알 수 있다.

"○○은행 특별 판매 적금 이벤트. 6%, ○월 ○일 10시, 선착순 ○○명"

"××은행 특판 정기적금 이벤트. ××신용카드 콜라보, 월 50만 원 이상 사용 시 이율 10%"

2020년 주식 시장이 폭락했다가 다시 상승하기 시작했을 즈음,

갑자기 은행들이 너도나도 특판 행사를 했다. 왜 그랬을까? 이목이 모두 적금으로 쏠렸고 특판으로 5%, 7%, 10%까지 이자를 주는 적금이 나왔다. 주식 시장이 완전하게 상승 추세라고 판단하기도 애매한 시기였는데 은행들이 특판을 내놓으면서 돈을 거둔다? 그들은 그렇게 모인 돈을 어디에 쓰려고 하는 걸까? 나는 그 특판 적금에 가입하기보다 그 돈의 흐름을 좇았다. 그리고 알았다. '아, 주식 시장에서 기관들이 수익을 올릴 수 있다고 확신했구나. 상승장이 시작됐구나.'

이런 판단이 항상 맞지는 않는다. 하지만 여기에서 중요한 건 돈의 큰 흐름을 볼 수 있느냐 없느냐다. 만약 이 흐름을 본 사람이 주식 투자를 하고 있었다면 햇볕을 받지 못해서 시들해진 화분을 그냥 버리지는 않았을 것이다. 곧 해가 뜰 것을 알기 때문에.

경기 흐름을 파악하는 건 주식 투자를 하는 사람이라면 모두 해야 하지만, 특히 적금주식은 한 종목을 꾸준히 가져가는 투자법이기 때문에 경기 흐름을 더욱 알아야 한다. 그래야 그 흐름에 맞춰서 나의 목표를 수정하거나 그대로 가져갈 수 있다.

공시 분석 파악하기

공시 분석은 개별 뉴스와는 반대로 팩트 체크가 아닌 개인들의 의견에 귀를 기울여야 한다. 그 이야기가 회사에 어떤 영향을 끼칠지는 정답이 없다. 상황이 다르고 경우가 다양하기 때문에 획일화하기는 어렵다.

보통 공시를 분석할 때는 해당 종목의 모든 걸 알고 있어야 하지만, 공시를 쉽게 이해하는 방법은 공시에 대한 뉴스를 찾아 그 문맥을 확인하는 것이다. '긍정적으로 보인다'고 뉴스가 나온다면, 대체로 주가가 상승할 가능성이 높다. 긍정적인 공시들이야 매도해서 수익을 챙기면 되지만 문제는 부정적인 공시로 해석하는 뉴스가 많은 경우다. 이럴 땐 어떻게 종목을 관리해야 할까?

애초 기대했던 성장과는 달리 좀 부진하거나, 시장에서 나의 적금주식 종목이 부정적으로 받아들여지고 있다면 목표 수익률을 하향 조정해야 한다. 파동이 왔을 때 최대한 수익을 챙겨야 한다. 예를 들어, 수익률 10%를 목표로 잡았는데 부정적인 공시 뉴스가 다수라면 5%나 7%로 하향 조정해서 이 수익이 나오면 매도하는 거다. 반대로 지나치게 좋은 뉴스가 나온다면? 10%에서 15%로 상향해서 목표 재설정 후 매도하면 된다.

그리고 부정적인 공시라면 매도 후 다시 매수하지 않고, 다른 종목을 다시 분석해서 새로운 종목으로 적금주식을 하면 된다.

STEP 4.
하락장에서도
적금주식을 관리하자

적금주식이 하락장에서 더욱 강하다는 말을 앞에서 한 적이 있다. 하지만 막상 조정장이나 하락장에 들어서면 온갖 생각이 다 든다. '종목을 잘못 골랐네', '안 오르고 계속 내려가는 거 아니야?', '이러다 상장폐지되는 거 아니야?' 주식 계좌에 빨간색은 없고 파란색만 있으면 이런 생각이 저절로 든다.

이런 생각들이 드는 이유는 우리가 생각하는 장기투자와 실제 장기투자가 너무 다르기 때문이다. 뒤에 나오는 그래프를 보며 장기투자에 대한 오해와 실제를 짚어보자.

장기투자에 대한 오해와 실제

빨간색 화살표는 우리가 생각하는 장기투자의 오름세이고, 보라색 화살표는 실제 장기투자의 오름세다. 적금주식을 시작할 때 보통은 오늘은 +0.1%, 일주일 뒤에는 +3%, 한 달 뒤에는 +10%, 이렇게 돼서 매도할 것이라고 예상한다. 하지만 현실 주식은 그렇지 않다. 그래프처럼 하루하루 요동치는 과정을 겪기 때문에 실제 내 주식 계좌의 수익률은 보라색 선처럼 매일 급변한다. 그러다 갑자기 목표 수익률에 도달한다.

하락장에서 종목을 관리하는 방법은 적금주식을 하는 것이다. 적금주식으로 시작했다면 이미 하락장이든 조정장이든 헤쳐 나갈 방법을 정한 것과 다름이 없다. 단, 이때 '좋은' 종목으로 적금주식을 하고 있다는 전제는 깔려 있어야 한다. 좋은 종목으로 적금주식을 굴리고 있어도 외부 상황, 변수 등으로 가격은 매일 요동치기 때문에, 종목부터 애매하다면 적금주식의 모토 자체가 흔들리는 것이다. 바로 이 점이 적금주식을 할 때 종목 선정 과정을 게을리해서는 안 되는 이유다.

적금주식은 하락할 때도 주식을 모아서 수익이 날 때 수익금이 극대화되도록 꾸준히 분할매수를 촘촘히 하는 방법이다. 게다가 한 번에 목돈을 밀어 넣는 방식이 아니라 꾸준히 동일한 금액을 넣어 평단가를 쌓아나가기 때문에 주가가 더 떨어지더라도 충분히 대비할 수 있다. 예를 들어, 당장 내일 N 기업 사장 일가가 갑질로 뉴스에 나와서 주가가 미친듯이 하락해도 대비할 수 있는 것이다. 종목에 대한 가치만 살아 있다면 그저 종목을 관리하며 기다리고 꾸준히 매수하면 된다.

즉 적금주식은 일명 '체계적인 물타기' 방법으로, 하락장에서 종목을 관리하는 기술이 이미 탑재된 시스템이다. 하락장에서는 내 적금주식이 문제없는 종목인지 냉정하고 객관적으로 재분석한 후, 꾸준히 매수하는 것을 멈추지 말고 내 마음이 갈대처럼 움직이는 것을 다잡는다. 이것이 최선의 관리법이고 최고로 수익을 내는 법이다.

잘못된 투자 바로잡기

그렇다고 적금주식으로 모든 종목을 다 해결할 수 있는 건 아니다. 분명 종목 선정을 할 때 나름대로 1, 2차 전형을 꼼꼼하게 따져서 적금주식을 시작했는데, 시작해보니 안 보이던 게 보일 수 있다. 즉 잘못된 종목을 선택한 것이다.

나도 그런 경험이 있다. 지금보다 초보에 더 가까웠을 때 내가 생각했을 때는 탄탄하고 충분히 성장 가능성이 있다고 판단했는데, 직접 매일 매수를 해보니 차트 움직임이 예상과 달랐다. 어제보다 오늘 더 떨어지고, 오늘보다 내일 더 떨어질 게 보였다. 하루이틀 하락세면 말도 안 한다. 단 한 번도 오르지 않고 계속 떨어지기만 하는 종목을 보고 깨달았다. 나의 판단이 오류였고, 종목을 선정할 때 더 꼼꼼하게 보지 못한 내 잘못이었다. 그럼 이제 어떻게 해야 할까? 지금 손절하는 것조차 섣부른 판단이 아닐까? 아니면 나의 오류를 인정하고 물러나야 할까?

답은 다시 한번 종목 분석을 하면서 찾아야 한다. 이 종목이 적금주식 매매법과 맞는 종목이었는지, 아니었다면 어떤 전략으로 투자해야 했는지 매매일지를 비교하면서 분석한다. 이때 다시 객관적으로 봤는데도 여전히 나의 판단이 옳다면 원칙을 지키면 된다. 단, 이전보다 더 꼼꼼하게 종목 분석 과정을 거쳐야 한다. 그 과정을 모두 거친 결과 결정적인 부분에서 오류가 발견된다면 과감하게 손절하는 편이 좋다.

보통 적금주식을 처음 할 때 나의 예상과 다르게 계속 하락하면 손절하고 싶은 마음이 가장 먼저 든다. 그게 덜 힘들기 때문이다. 하지만 그러다 보면 마이너스는 자꾸 쌓이고, 제대로 투자한 종목은 하나도 없게 된다. 잘못된 종목을 선택했을 때 빠른 손절도 답이지만, 손절하기 전에 이게 정말 잘못된 종목이었는지를 분석하는 과정은 반드시 필요하다. 나의 경험을 예시로 보자.

예시 1 이성적인 판단의 중요성

예전에 단타에서 적금주식으로 넘어올 때의 이야기다. 당시 주식을 상당히 잘하는 지인의 추천으로 알게 된 종목이 있었다. 그때 그 종목의 가격은 1주가 5,000원대 초반이었고, 하루에 몇 주씩 꾸준히 매수에 들어갔다. 지인의 추천도 있었지만, 스스로 종목을 분석하고 판단했을 때 분명 상승 가치가 있어 보였는데, 주식판 머피의 법칙처럼 내가 들어가자마자 매일 떨어지기 시작했다.

초반에는 내가 단기투자를 주로 했던 사람이라 기다림이 부족한 것이라 생각해서 떨어져도 매수를 했는데, 무려 반년을 계속 하락하는 걸 보니 정신이 번쩍 들었다. 이 종목에 들어갈 때 목표는 '1주 가격이 7,000원이 되면 매도하자' 였는데, 7,000원은 커녕 2,000원까지 떨어졌다.

이쯤 되니 원칙이고 뭐고, 이러다 상폐하는 거 아닌가 하는 걱정까지 들었다. 적금주식을 막 시작했을 때라 대처법도 몰랐고, 종목 관리법도 서툴던 때였다. 상장폐지만 두려워하다가 결국 매일 떨어지는 차트와 손실을 보는 게 힘들어서 손절하고 나왔다.

그리고 얼마 후 이 종목은 서서히 오르더니 내가 처음에 들어갔던 가격만큼 올라 있었다. 5,000원부터 시작해서 2,000원대까지 꾸준히 매수했기 때문에 평단가는 나쁘지 않았다. 그대로 유지했다면 제법 많은 수익을 봤을 것이다. 그런데 당시에는 매일 떨어지는 게 두려워서 '오늘 손절할까, 내일 손절할까?' 이런 생각만 했다. 나의 실수는 이 종목에 대한 분석이 부족했다는 것이다. 언제 어떤 뉴스에 반응하는지, 이슈가 없을 때 최대한 얼마까지 떨어질 수 있는지를 체크하지 못했다.

나의 적금주식이 내 예상과 다른 방향으로 흐를 경우 종목을 재점검하고 분석했다면, 좀 더 이성적으로 판단해서 현명한 결정을 내릴 수 있었던 경험이었다.

예시 2 분석 없는 '묻지 마' 투자의 폐해

그렇다고 모든 종목을 끈질기게 물고 늘어지면서 이성적으로 판단하고 복구를 해 마무리해야만 하는 것은 아니다. 나의 경우는 BTS 관련 주식이 그랬다. BTS가 빌보드 차트에 오를 당시 그 열기는 주식시장에서뿐만 아니라 전 세계적으로 뜨거웠다.

문제는 나는 당시 BTS를 잘 모를 때라 뉴스를 통해 핫하다는 정보만을 듣고 잠시 단기투자를 하려고 종목에 접근했다는 것이었다. 분석이 전무한 상태였고, 그저 수급만 보고 들어간 투자였다. 시작은 단기투자였는데, 적금주식으로 가져가도 좋을 것 같다고 생각해서 대책 없이 꾸준히 매수에 들어갔다.

이렇게 제대로 된 분석 없이 사회적 이슈와 막연한 기대로 시작한 적금주식은 결국 좋지 못한 결과를 맞았다. 언젠가 오를 거라는 기대감으로 덮어놓고 매수를 했고, 원칙이나 목표 없이 시작한 투자는 결국 하락만 보다가 −12% 손실을 보고 손절을 했다. 뼈아픈 경험이었다.

적금주식을 시작하면 한없이 하락하는 종목에 걸리는 경우가 생각보다 많다. 특히 하락장일 때는 더욱 잦다. 그런 때일수록 나만의 투자 원칙을 강하게 세워야 한다. 하락이 연속되면 내가 분석한 근거들과 기업의 현재를 비교해보고 계속 투자해도 될 것인지를 냉철하게 판단해야 한다.

이제 적금주식이 무엇이고, 어떻게 하는지 감이 올 것이라 생각한다. 종목 선정을 위해 1, 2차 분석 전형을 거쳐서 투자 종목 후보들을 발굴하고, 나의 자산을 정리하여 투자금을 설정한다. 투자 종목을 최종 선택하고 목표 수익률을 설정한다. 투자를 시작하면 원칙대로 매수하고, 매수하는 동안에도 보유 종목은 꾸준히 관리하고, 목표 수익을 달성하면 매도해서 수익을 실현한다. 그리고 수익금과 원금을 재투자하여 자산 전체의 목표에 도달할 때까지 적금주식을 반복해서 굴린다.

Plus Page +

불타기로 2배 수익 만들기

적금주식은 상승장보다 하락장에서 오히려 더 강하다. 하락장일 때도 꾸준히 매수를 하면 주식수는 늘어나고 평단가는 낮아진다. 그리고 상승장이 오면 더 큰 수익금을 얻을 수 있다. 반면 상승장일 때는 매일 수익이 나는게 보여서 기분이 좋지만, 하루에 매수할 수 있는 금액은 정해져 있고 몇 주밖에 매수할 수 없어서 주식수를 늘리기가 어렵다.

사람마다 다르지만 나는 적금주식 종목을 선택할 때, 비교적 가격대가 가벼운 것을 고른다. 처음 적금주식을 시작할 때 시드머니가 없기도 했고, 매달 남편의 월급에서 투자 가능 금액으로 뺄 수 있는 금액이 많지 않아서 어쩔 수 없었다. 또 매일 매수를 해야 하는데, 주식이 너무 비싸면 몇 주밖에 못 사니 나와는 맞지 않았다. 이렇게 하다 보니 지금까지도 가격이 저렴한 종목으로 적금주식을 굴린다.

종목의 주가가 가벼우면 상승할 때 엄청나게 많이 뛰는 경우가 있다. 애초에 몸값이 비싼 종목들은 하루에 10% 오르는 것도 힘들지만, 저렴한 종목은 하루에 20~30%가 쉽게 오르내린다. 이런 종목들은 수익률도 중요하지만, 주식수가 더 중요하다. 1주에 5,000원 하는 종목이 30% 올라봤자 6,500원, 수익이 1,500원밖에 되지 않는다. 하지만 이 종목을 100주 가지고 있으면 이야기는 달라진다. 5,000원짜리 주식을 차곡차곡 모았을 뿐인데, 수익은 15만 원이 되는 것이다.

그래서 이런 종목은 적금주식으로 주식수를 늘리기도 전에 내가 설정한 목표 수익률에 도달해버린다. 그럼 적금주식 원칙에 따라 매도해야 하는데, 몇 주 사지 않은 상태라 수익률이 아무리 높아도 실현한 수익금은 너무 적다.

최근에도 이런 경험을 했다. 한 종목으로 적금주식을 시작했는데, 하루에 3만 원 내에서 매수하고 목표 수익률은 15%로 잡았다. 한창 상승장이라 이 종목도 매일 조금씩 수익이 났다. 아직 몇 주 모으지 않은 어느 날 MTS에 들어갔더니 이 종목의 수익률이 무려 32%를 찍은 게 아닌가! 적금주식의 원칙대로 바로 매도했다. 몇 주 없었기 때문에 높은 수익률 대비 수익금은 적었다.

그리고 다음 날에 동일한 종목으로 다시 적금주식을 시작했고, 불과 며칠 만에 또 수익률 16%가 났다. 목표한 수익률이라 바로 매도했지만, 수익금은 고작 몇 천 원이었다. 이 종목이 왜 이렇게 갑자기 오르는지 궁금했는데, 며칠 후 그 종목의 사업 영역이 확장된다는 소식이 떴다. 그것 때문에 주식이 급속도로 오른 것이다.

극단적인 예지만 적금주식의 단점이 확연히 보이는 예이기도 하다. 아무래도 상승장에서는 내일보다 오늘이 더 주가가 저렴한 시장이니 당연한 일이다. 이렇게 매일 동일한 금액으로 매수하는 적금주식만으로는 아

쉽다고 판단될 때 고급 기술을 사용하면 된다.

주식 매매법에 '불타기'라는 것이 있다. 주가가 아래로 떨어질 때 추가로 매수해서 평단가를 조절하는 것을 '물타기'라고 한다면, 주가가 상승할 때 투자금을 증액해서 주식 보유 수를 늘려 수익금을 높이는 것을 불타기라고 한다. 불타기는 수익률은 줄지만 수익금은 훨씬 높아지기 때문에 상승장에서도 만족스러운 수익금을 얻을 수 있다.

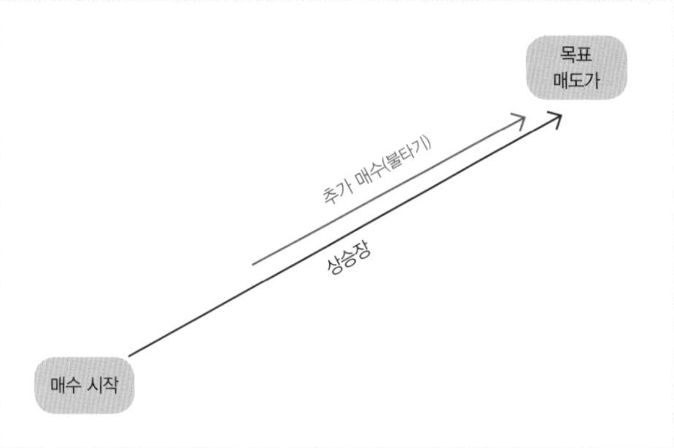

직접 돈으로 계산한 표를 보자. 뒤에 나오는 표를 보면 불타기의 효과가 눈에 확 들어올 것이다. 일반 매수와 비교하면 무려 35%나 더 수익금을 챙길 수 있다.

단, 불타기 기술을 고급 기술이라고 부르는 이유는 그만큼 어느 정도 투

일반매수 vs. 적금주식 vs. 불타기

하락장									상승장			합계		
주가	1,000원	950원	900원	850원	820원	900원	850원	920원	1,050원	1,100원	1,200원	평단/수량	수익금	수익률
일반매수	1000주										매도	1,000원 1,000주	200,000원	20%
적금주식	100주	105주	111주	117주	123주	111주	117주	110주	95주	90주	매도	926원/1,079주	295,645원	29.5%
불타기									95주	90주	매도	948원/1,265주	318,779원	31.9%

추가 매수

자 실력을 갖춘 후에 시도해야 한다는 뜻이다. 불타기로 높은 수익을 얻을 수 있지만, 손실을 볼 수도 있다. 자칫 과욕에 눈이 멀어서 투자했다가 목표 수익도 달성하지 못하고 물려버릴 수도 있다. 불타기는 높은 수익을 얻을 수 있는 만큼 위험도가 높다는 것도 잊지 말자.

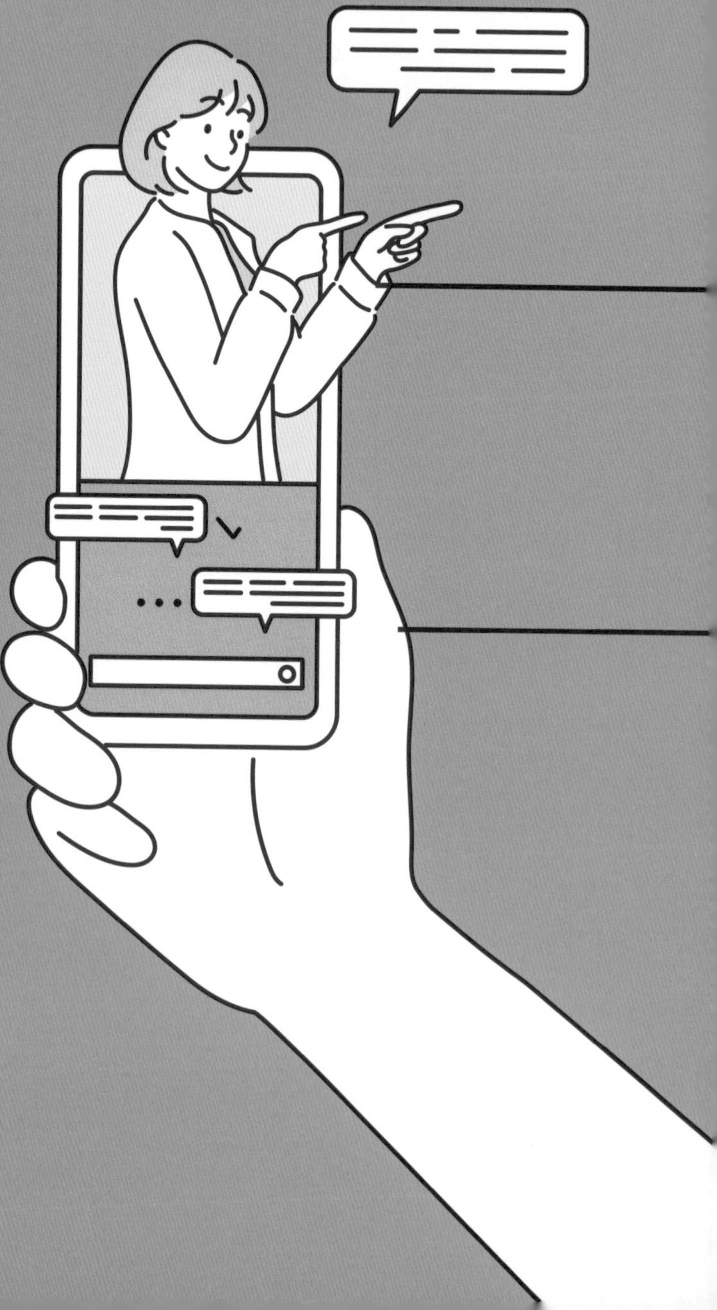

PART 5

이번에는 예금주식, 배당주 투자법

적금주식으로 돈을 굴려서 목돈을 만들었다면,
그 돈으로 예금주식인 배당주 투자를 시작해보자.
배당주 투자는 원금 손실의 위험은 적고, 배당금으로 높은
이자까지 받을 수 있으니 일석이조다.

예금주식도 있다

적금 넣듯이 매일 주식을 사는 적금주식이 있다면, 예금처럼 주식을 하는 예금주식도 있다. 한 번에 목돈을 예치해 투자하는 예금주식, 배당주 투자다. 배당주 투자를 예금주식이라 부르는 이유는 약속된 이율배당금이 있고, 이 배당 수익을 목표로 목돈을 거치하기 때문에 시세변동에 둔감해도 되는 투자이기 때문이다.

이제껏 배당주 투자라고 하면 수익보다는 안전에 비중을 둔 보수적인 투자자들이 취하는 투자 방식이었다. 그러다 보니 주식 투자를 하는 사람들이 모두 하는 투자법은 아니었다. 몇 년 전까지만 해도 주식 투자를 하면 대박 아니면 쪽박이라고 말하던 시절이었기 때문에, 당장 대박을 주는 수익이 아닌 10~20% 정도 이자처럼 주는 배당금이 매력적으로 느껴지지 않던 시절이었다.

게다가 국내는 이제껏 기업 성장과 개발에 초점을 두고 경제 성장을 해왔기 때문에 배당으로 순수익이 빠져나가는 것보다 회사 자금으로 재투자하는 것을 선호해왔다. 투자자들 또한 배당주 투자를 장기투자가 아닌 배당기준일 전에 매수했다가 배당을 확정받으면 바로 팔아버리는 단기투자 형태로 접근했다. 이마저도 배당 기준일이 지나면 매도량이 갑자기 늘어나서 주가가 하락하는 추세를 보이는데, 그것까지 감안하면 배당주 투자로 쏠쏠하게 수익 남기기는 힘들었다. 이런 상황이니 어쩌면 국내 배당주 투자가 인기가 없는 건 당연한 일이었다.

하지만 이제는 달라졌다. 배당주 투자는 안전하게 약정된 수익을 지급받을 수 있는 투자라는 인식이 많아졌고, 그 점이 내게도 큰 매력으로 다가왔다. 그렇게 적금주식뿐이었던 내 투자 목록에 예금주식이 생기게 되었다.

배당이란?

배당은 기업이 일정 기간 벌어들인 순수익들을 회사의 주인 권한을 가진 주주들에게 나누어 주는 것이다. 이때 나눠 주는 돈을 '배당금'이라 부르고, 배당주 투자란 배당금 받는 것을 목표로 하는 투자를 말한다. 배당주 투자가 안전한 이유는 고배당주일수록 회사가 돈을 잘 번다는 것을 의미하기 때문이다.

하지만 배당을 많이 하는배당 성향이 높은 회사가 반드시 재무구조가 튼튼한 것은 아니다. 돈을 잘 버는 건 좋은데 그 돈을 모아서 회사가 성장하는 데 더 투자하지 않고, 버는 족족 나눠 주면 회사의 성장에 제동이 걸릴 수도 있기 때문이다. 그래서 배당주에 투자할 때는 현재 고배당을 주는지를 보기보다 이 회사가 앞으로 더 성장할 것인지, 그래서 배당이 계속 늘어날 가능성이 있는지를 보는 게 좋다.

배당금은 언제 주나요?

A 기업이 마음에 들어서 꾸준히 투자했을 뿐인데, 분기별로 용돈처럼 배당금까지 챙겨주니 너무 좋다. 그런데 여기서 의문이 생긴다. A기업

이 작년에 준 배당금과 올해 준 배당금의 금액이 다르다. 왜일까?

배당금은 회사가 벌어들인 돈을 정리하는 결산주총에서 배당금 지급률과 함께 결정된다. 결산주총이 열리면 이 주주총회에 참석할 주주들의 명부를 작성하고 마감한다. 이걸 '주주명부폐쇄'라 한다. 이후 결산주총에서 회사의 가계부를 보고하고 현금·현물 배당 지급금을 확정한다. 그 후 배당기준일까지 주식을 보유한 주주들에게 배당을 확정한다. 우리나라는 보통 결산주총이 연말에 한 번 이루어지기 때문에 배당기준일도 연말인 경우가 많다. 그리고 배당금 지급은 보통 봄에 이루어지며 늦어도 4월까지는 입금이 되는 구조다.

국내 기업은 1년에 한 번 배당을 하는 게 일반적이고, 1년에 두 번 배당금을 주거나 분기별로 네 번 지급하는 기업도 있다. 배당주 투자의 꽃이라 할 수 있는 미국 주식은 대부분 1년에 네 번 분기별 배당을 한다.

한국 배당주 vs. 미국 배당주

배당주 투자라고 하면 미국 주식 시장을 떠올리는 사람들이 많을 것이다. 국내 기업들이 배당 성향이 낮은 것에 비해 미국 기업들은 배당

	한국 배당주	미국 배당주
시장 규모	한국 증시의 규모는 그리 크지 않다. 특히 우리나라는 아직 투자 역사도 짧고 개발도상국에서 발을 딛기 시작한 준선진국으로 투자권에서는 아기 수준이다. 또한 자원이 부족하여 가공상품업이 발달해서 해외 수출에 의존하는 경우가 많다. 그래서 증시 역시 그다지 크지 않고, 세력과 작전 등 외부 요인에 따라 흔들리는 경우가 많아 주식시장에서 수익 내기가 쉽지 않다.	미국 증시의 규모는 한국 증시의 배 이상이다. 세계 자본주의를 주도하는 나라의 투자 시장이니 어쩌면 당연하다. 우리나라와는 달리 외풍에 그리 영향을 많이 받지 않아 기업만 잘 고르면 국내보다 수익 내기가 쉽다. 또한 기업이 성장할 수 있는 한도치가 굉장히 높아 수익률 역시 고수익을 기대할 수 있다. 진정한 가치투자가 가능하다.
배당 방법	1년에 한 번 배당이 기본이다. 배당기준일에 주식을 보유하고 있어야 한다.	1년에 네 번 회계 분기마다 배당이 지급된다(회사마다 배당 나오는 달이 다르기 때문에 반드시 체크). 배당락일에 주식을 보유하고 있어야 한다.
기타 유의 사항	양도세(2023년부터 부과) 배당소득세 15.4% 증권거래세 0.23% 종합금융소득세 주의 개인 공매도 시작(2021년 5월)	미국 증시 거래 시간이 한국과 정반대다. 환전 과정을 거쳐 투자하고 환전 과정을 거쳐야 수익을 사용할 수 있다. 환전 수수료, 증권사 매매 수수료, 각종 세금 등 비용이 많아 관리를 꼼꼼하게 해야 한다.
증시 구조	**코스피** : 시가총액이 큰 대기업 위주로 이루어진 주식 시장 **코스닥** : 시가총액이 비교적 적은 기업 혹은 벤처기업으로 이루어져 있다.	**S&P500** : S&P사에서 발표하는 주가지수로 기업 규모, 유동성, 산업 대표성을 감안하여 선정한 500개 종목을 대상으로 발표하는 지수 **다우지수** : 다우존스사가 발표하는 지표로 우량 30개 기업이 해당된다. **나스닥** : 코스닥의 모델이 되는 미국의 장외시장으로 IT업계뿐만 아니라 수많은 벤처기업들이 상장되어 있다.

성향이 높은 편이기 때문에, 배당주 투자를 설명할 때도 미국 배당주에 대한 설명이 빠질 수 없다.

한국과 미국은 주식 시장이 아예 다르기 때문에, 배당주 투자를 할 때 전략이 같더라도 전혀 다른 결과물이 나오는 경우가 많다.

한국 증시에서 배당주 투자를 하든, 미국 증시에서 배당주 투자를 하든 제각각의 장단점이 있다. 자신의 상황에 따라 활용하는 방법도 천차만별이다. 또한 시장 자체가 다르니 그 시장 분위기도 다르고 그에 따른 주식 투자자들의 배당주 지지도도 다르다.

종목을 고를 땐 배당금을 확인하자

국내 주식만 하는 사람들한테 배당은 서비스로 뭔가를 더 받는다는 느낌일 뿐 필수적으로 챙겨야 한다는 분위기는 아니다. 주식 종목을 고를 때도 기업의 배당성향이 가장 중요한 지표는 아니다. 그래서 배당 지표보다는 PER 같은 저평가 지표를 더 중요시하는 사람도 많다. 배당 수익보다 시세차액을 우선시하는 전략이 종종 사용되기도 한다.

주식 투자라는 것 자체가 몇 년 전까지만 해도 도박에 가까운 시스템이라는 오해를 사고 있었고, 투자를 해서 배당을 받는다는 게 대체로 낯설었다. 앞서 이야기한 것처럼 그나마 배당주 투자를 하는 사람들도 단타 위주가 많았고, 배당은 가을에서 겨울철이 되면 고배당주를 사려고 하는 사람들이 몰리기 때문에 배당금을 받을 목적으로 매수하기보다는 배당이 목적인 투자자들이 '올려놓을' 시세를 고려하여 시세차액을 노리는 사람이 많았다.

그런데 작년부터 '동학개미'라는 신조어가 생길 정도로 많은 사람들이 주식 시장에 들어오면서 수익이 쏠쏠하다는 해외 배당주에 대한 관심이 높아졌고, 덩달아 국내 배당주 투자도 인기가 많아졌다. 또 배당주 투자로 소소한 용돈이 아니라 한 달 월급 정도를 받는 사람들의 이야기를 접하면서 고배당주 위주로 포트폴리오를 짜는 사람도 늘고 있다.

배당주 투자를 이야기할 때 미국 주식 시장은 빠질 수 없다. 미국은 투자 문화가 오래된 나라다. 주식 시장의 규모 또한 우리나라와 비교가 되지 않을 정도로 크다. 그래서인지 미국에서는 배당을 중요한 투자 지표 중 하나로 여긴다. 배당을 주는 것이 당연하고, 오히려 배당을 하지 않는 기업은 공개적으로 비난을 받기도 한다예 : 아마존. 그리고 국내에서는 고배당주가 인기지만 미국에서는 배당을 무조건 많이 주는 종목보다는 회사가 탄탄하고 꾸준히 성장 가능성이 있어서 배당금도 상승하는 종목이 사랑받는 편이다.

그래서 미국에서는 배당 상승률에 따라 순위를 나누어 '배당킹', '배당귀족' 등으로 부른다. 내가 투자하려는 종목이 배당킹인지 알고 싶다면 '마켓비트www.marketbeat.com'에서 찾아보면 된다. 배당 결산을 하면서 정해지는 배당금배당률에 따라 순위가 바뀌기도 하고, 배당을 갑자기 줄이거나 회사 재정에 문제가 생기면 리스트에서 빠지기도 한다.

배당킹 : 50년 이상 배당을 꾸준히 올려온 기업들
배당귀족 : 25년 이상 배당을 올려온 동시에 S&P500에 속한 종목들
배당챔피언 : 25년 이상 배당을 올려온 모든 종목

예금주식도 해볼까요?

적금주식으로 한 달에 N원씩 적금처럼 꾸준히 주식을 모아서 빠르게 목돈을 만드는 방법을 살펴보았다. 이렇게 만들어진 목돈을 어떻게 할까? 나의 경험을 이야기하면, 나의 적금주식의 목표 중 하나가 '내 집 마련'이었다.

처음에는 5,000만 원을 달성하면 매도 후 은행 예금에 넣어서 묶고, 또 적금주식으로 굴려서 5,000만 원이 모이면 매도해 예금으로 묶어두곤 했다. 목돈이 내 통장에 묶여 있으니 마음은 든든했지만, 이율이 너무 낮은 게 문제였다. 1년에 1.2%밖에 되지 않았는데, 그때는 배당주 투자를 할 생각을 하지 못했다. 만약 그때 은행 예금에 목돈을 묶어두지 않고 예금주식이라 할 수 있는 고배당주에 투자했다면, 어쩌면 좀 더 빨리 신축 아파트로 이사했을지도 모른다.

그렇다면 적금주식 종목을 선정할 때 했던 1, 2차 전형을 모두 패스하고 무조건 고배당주만 찾아 아무 종목이나 매수하면 될까? 결론부터 말하면, 그건 아니었다. 배당주 투자도 시작하기 전에 반드시 살펴봐야 할 것들이 있다.

한국 배당주 고르는 법

국내 배당주에 투자할 때 종목을 선정하는 방법은 적금주식과 동일하다. 단, 1차 서류심사를 할 때 배당 관련 검색을 추가로 해야 한다. 이때 모든 종목들을 찾아보며 일일이 배당률을 확인해보는 것보다 MTS에서 간단하게 배당률 높은 순위로 종목을 검색해서 찾는 것이 쉽다.

NH투자증권 MTS에서는 '종목검색 → 조건검색'으로 들어간 후 '배당률 순위'를 검색하면 된다. 그러면 고배당주를 순위대로 확인할 수 있다. 고배당보다 배당성향을 보고 싶거나, 현금배당보다 주식

배당률 순위

배당을 선호한다면 그것에 맞게 검색도 가능하다.

평균적으로 2~4% 배당을 주는 기업들은 안정적이면서도 꾸준히 배당을 하고, 금융, 보험 등 고배당주에 해당하는 종목들은 7~10% 이상으로 배당을 하고 있다.

배당주에 투자하는 방법은 여러 가지가 있다. 나는 대체로 3~5% 내외로 꾸준히 배당을 상승시켜온 우량 종목에 투자를 하거나, 7% 이상의 고배당주에 투자하는 편이다. 단순히 고배당주에 투자하는 것이라면 7% 이상의 배당을 주는 종목들을 찾아 리스트를 만든 후, 그 안에서 종목을 선정하는 1, 2차 전형을 통해 투자할 종목을 솎아내는 것이 좋다.

고배당주에 투자할 때 1차 서류전형에서 특히 주의해서 봐야 할 것이 있다. 배당이 높다는 것은 배당성향이 높다는 것인데, 그건 회사의 순이익을 재투자하지 않고 주주들에게 많이 나눠 준다는 이야기다. 투자자 입장에서는 당장 돈이 입금되니까 좋지만 회사의 입장에서는 재무가 안전하지 않을 수도 있다. 돈을 많이 버는 것과 번 돈을 활용해 회사가 더 성장하는 것은 별개의 문제이기 때문이다. 그래서 고배당주에 투자할 때는 회사 내부에 돈이 많은지, 회사 가계부가 어떻게 돌아가기에 고배당을 주는 건지, 고배당을 하는 특별한 이유가 있는지 확인해보는 게 좋다.

2차 면접전형에서도 추가로 봐야 할 것이 있다. 바로 연말 차트다. 먼저 과거 배당기준일을 확인하고 그 일자의 차트를 살펴보자. 배당기준일 후에 주가가 하락하는 차트가 있다. 배당기준일 이후 음봉 캔들이 만들어지는 것주가 하락인데, 종목에 따라 음봉이 없는 종목도 있고 커다란 음봉이 있는 경우주가 급락도 있다. 후자는 장기투자를 할 생각은 없고, 배당은 받을 수 있게 됐으니 시세차익을 위해 매도하는 사람들이 많아지면서 주가가 하락한 경우다. 혹은 주식으로 배당이 되는 경우에는 주식수가 늘어난 것을 감안하고 시가총액을 배당락 전과 동일하게 맞추기 위해 인위적으로 주가를 떨어뜨리는 경우도 주가가 하락한다. 이렇게 배당기준일 이후 하락률이 배당률보다 높은 경우가 많다면, 그 종목은 고배당주라 하더라도 손해를 볼 수 있기 때문에 피하는 게 좋다.

예를 들면, 주당 5,600원짜리 종목이 배당기준일 이후 주당 5,000원으로 떨어졌다면 12%의 손실이 발생한 것이다. 이 종목의 배당이 7%라면 5%의 평가손실(확정짓지 않은 손실로, 계좌 잔고에 들어가면 매일 +, -로 뜨는 금액을 뜻한다)이 발생한다. 배당주 투자를 하려고 했을 뿐인데, 배당 수익을 포함하고도 손실이 발생하는 것이다.

만약 고배당주는 아니어도 꾸준히 배당이 오르는 우량주를 고르고 싶다면 배당률의 범위를 정해 검색한 후 우량주만 골라 리스트를 만들고, 그중 종목을 뽑아서 투자하는 방법도 있다. 이런 경우 배당률이 보통 3~5%로 그리 높지 않고 우량주 자체가 천천히 상승하는 경우가 많기 때문에 안전하지만 수익률은 낮을 가능성이 높으니 이를 감안해서 포트폴리오를 짜야 한다. 그래서 나는 주로 적금주식은 수익률이 높고 매수하기 쉬운 저평가 성장주 위주로 투자하고, 예금주식은 배당 우량주 위주로 투자하여 주식 투자의 안전성과 수익률의 밸런스를 맞추는 편이다.

미국 배당주 고르는 법

미국 배당주의 경우에 보통 배당킹, 배당귀족, 배당챔피언 리스트에 있는 종목에 투자하는 경우가 많다. 이미 회사의 건실함을 인정받은 리스트이기 때문에 종목을 골라내는 수고를 덜 수 있다. 물론 배당률이나 배당금 같은 경우는 결산주총을 거쳐 회계 상황에 따라 매번 조금씩 변동되므로 투자 전 다시 한번 체크해보는 게 좋다.

해외 주식을 하려면 따로 앱을 깔아야 했던 예전과는 달리 요즘에는 하나의 MTS로 국내외 주식 거래를 모두 할 수 있어서 해외 주식 투자도 어렵지 않게 할 수 있게 되었다. 심지어 환전도 MTS에서 바로 가능하다.

NH투자증권 MTS의 '전체 메뉴'에서 '해외주식 → 해외주식거래신청'을 하면 바로 거래가 가능하다. '해외주식 → 미국주식월배당서비스'에 들어가면 매달 배당하는 종목의 순위를 매겨놓은 것을 볼

해외주식거래신청

수 있다. 미국 배당주로 예금주식 투자를 보다 쉽게 할 수 있도록 해 두었다.

그리고 해외주식도 1차 서류전형, 2차 면접전형을 할 수 있도록 종목을 분석한 자료도 MTS에서 검색이 가능하다. MTS '전체 메뉴'에서 '해외주식 → 투자정보 → 해외주식조건검색'에서 원하는 시장을 검색한 후 '수익성/성장성'에서 배당에 대한 조건들을 볼 수 있다.

미국 월별 배당 기업

원하는 조건을 중첩시켜 모든 조건에 해당하는 종목을 고를 수도 있어서 국내 주식보다 오히려 해외 주식 종목을 고르는 게 더 쉬운 느낌이다.

원하는 조건대로 검색을 하면 리스트가 나온다. 여기서 종목 분석까지 바로 이어서 확인이 가능하다. 제시한 이미지처럼 여러 종목에 대한 간략한 개요와 재무 상황은 물론 배당 정보까지 알고 싶은

해외주식조건검색

중요한 정보는 거의 다 확인이 가능하다. 여기서 1차 서류전형에서 살펴봐야 하는 요소는 대부분 체크할 수 있으니, 미국 배당주에 투자할 때 관심종목에 미국 배당주 항목을 만들어 투자 리스트를 만들면 된다. 그 후에는 관련 뉴스를 모으고 차트를 확인하며 관심종목을 좀 더 깊게 공부하면서 내가 투자하기에 적합한지 판단하면 된다.

해외주식조건검색 결과

한국 배당주 투자 전략

주식 투자법이 다양하듯이 배당주 투자법도 참으로 다양한데, 가장 많이 하는 방법은 두 가지다. 첫 번째는 앞서 이야기한 것처럼 배당기준일 전에 주식을 매수하고, 배당이 확정되면 매도하여 배당과 시세차익을 모두 얻는 것이다. 두 번째는 예금주식처럼 꾸준히 몇 년간 묵혀두면서 배당금이 들어오면 그걸 더해 재투자하는 장기투자 전략이다.

각각 장단점이 있지만, 나는 현재 후자인 예금주식으로 배당주 투자를 하고 있다. 이건 아무래도 투자 성향이나 개인의 상황에 따라 다를 것 같은데, 나는 투자에 많은 시간을 할애하지 못하는 두 아이의 엄마고 큰돈으로 단타매매를 하기에는 너무 새가슴이다. 그래서 잦은 매매를 피하고 최대한 안전한 곳에 목돈을 예치한다.

이미 적금주식 종목을 분석하느라 많은 시간을 쓰고 있기에 배당주 투자는 최대한 시간 투자를 많이 안 해도 되는 방식으로 수시로 들여다보며 공부하지 않아도 되는 방식으로 투자한다. 그래서 내가 선택한 방법이 예금주식이다. 배당에 영향을 줄 만한 공시만 확인하면서 배당금만 확인하고 적금주식으로 배당주 투자 시드머니를 만들어 차곡차곡 묶어두기. 이것을 계속 반복하면서 전체 자산의 규모를 불려나가는 것이 가장 안전하고 현실적인 주식 투자법이라고 생각한다.

연간 5%, 혹은 7%, 10%의 수익이 보장된 연복리 투자 상품인 셈이다. 주식과 비교하면 느린 것 같지만, 확실하고 안전하다. 이게 바로 예금적금의 매력이다.

그렇다면 배당주는 종목을 관리할 필요가 없을까? 적금주식을 할 때나 예금주식을 할 때나 뉴스와 공시를 체크해야 하는 건 동일하다. 하지만 예금주식은 단기 수익인 배당금이라는 확실한 목표가 있으므로 가장 중심적으로 챙겨봐야 할 공시가 따로 있다.

'㈜○○○ 현금·현물 배당 결정' 공시다. 실제로 내 계좌에 얼마를 줄 것인지, 몇 주를 줄 것인지를 알려주는 공시이기 때문이다.

헬로마녀 tip. 배당주 투자로 예금주식을 하는 법

나는 크게 2가지 방법으로 배당주 투자를 한다.

① 적금주식으로 굴린 목돈을 한 번에 예치하듯 그 금액만큼 배당주를 매수한다. 분할매수 없이 일시불로 매수한다.

② 적금주식처럼 쪼개어 몇 달 동안 계속해서 매수해 평단가를 맞춘다. 이때는 현재 날짜부터 시작해 전년도 배당기준일을 참고하여 계획을 짜고 배당기준일이 확실하게 나오면 그 날짜에 따라 일일 투자자금을 변경하며 매수해 평단가를 만든다. 적금주식과 동일한 매매 전략이다.

2가지 방법을 모두 사용해봤지만, 두 번째 방법은 적금주식의 개수가 늘어나면서 배당주 투자 종목과 헷갈리는 경우가 있어서 나는 첫 번째 방법으로 주로 투자하고 있다.

미국 배당주 투자 전략

미국 배당주 투자법도 크게 2가지로 나눌 수 있다. 배당 월을 따져 12개월 동안 매달 배당이 나오게 만드는 방법배당으로 월세 받는 방법이 있고, 1년 동안 쓸 생활비만큼 배당금을 받을 수 있도록 배당주 주수를 맞춰서 매수하는 방법이 있다. 전자는 매달 들어오는 배당금은 다르지만 매달 수입이 발생하고, 후자는 배당금이 목돈으로 한번에 들어오기 때문에 이 금액을 12개월로 나눠서 쓰면 된다.

배당주로 연금을 만들거나 생활비를 만들고자 할 때 나의 생활 패턴, 혹은 기호에 따라 방법이 달라진다. 정답은 없다. 2가지 중 한 가지가 잘 맞아서 투자했어도, 다른 방법을 시도해볼 수 있다.

미국 배당주 투자는 종목을 어떤 것들로 구성하느냐에 따라 투자법도 나눌 수 있다. 안전하고 탄탄한 배당킹50년 이상 배당 상승 종목들만 추려서 탄탄한 배당주 라인을 짜는 방법이 있고, 배당챔피언 등 이제 성장하는 종목들 중 유망한 종목들을 추려 배당도 많이 주고 앞으로 성장할 가능성이 높은 종목에 투자하는 방법도 있다.

미국의 배당주 투자에서 주의해야 할 점은 표기되어 있는 배당률이 1년 치 배당률의 합계라는 점이다. 예를 들면, 존슨앤드존슨의 배당률이 2.77%2020년 기준일 때, 분기별로 들어오는 배당금은 5.05달러가 아닌 세후 4.29달러를 4분기로 나눈 1.010달러에 주식 수를 곱한 금액만큼 입금된다. 미국 배당주 투자를 처음 할 때 이걸 몰라서 ×4를 주는 줄 알고 좋아했다가 4분의 1인 걸 알고 실망한 적이 있다. 만약 '미국 배당주로 월세 받기' 포트폴리오를 짠다면 이 점을 유의해서 계산해야 한다.

그리고 미국 배당주 투자에서 주의해야 할 점이 한 가지 더 있다. 바로 환전이다. 환율은 보통 상승층과 바닥층을 오가는 시기가 4~6년 정도로 긴 편에 속한다. 거기에 환전에 대한 수수료가 미국 배당주 투자를 위해 '한화 → 달러'일 때 한 번, 배당금을 받고서 '달러 →한화' 일 때 한 번으로 총 두 번 붙는다. 증권사 매매 수수료를 계산하는 것은 물론 환전 시기 역시 조정해야 하기 때문에 환차액으로 한 번 더 수익을 낼 수 있는 반면 주식과 환율에 걸쳐 두 번이나 리스크를 관리해야 한다.

이런 이유 때문에 미국 주식 시장이 국내보다 고수익을 낼 확률이 높은데도 무조건 한국 배당주보다 미국 배당주가 더 좋다고 말하기는 조금 애매하다. 각각 장단점이 있기 때문에 계산을 잘해서 전략을 짜는 것이 좋다.

배당주 투자 실전 예시

국내 배당주와 미국 배당주를 각각 한 종목씩 살펴보자.

한국 배당주 '메리츠금융지주'

한국에서 고배당주는 주로 보험사, 증권사 같은 업종에 몰려 있다. 배당을 많이 주기로 소문난 곳이 메리츠 3금융인데, 그중 하나인 메리츠금융지주에 투자한다고 해보자.

재무, 차트 분석 등을 충분히 했다는 전제하에 배당주 투자 종목으로 메리츠금융지주를 선택했다고 가정해보자. 얼마 전 적금주식을 굴려서 목돈 5,000만 원이 생겼다. 예금주식인 배당주 투자로 4억 원 만드는 걸 목표로 하고 있다. 적금주식으로 5,000만 원 만드는 목표는 계속 진행 중이라 시일은 걸리겠지만 5,000만 원 목돈은 계속 생길 예정이고, 장기로 가져가려고 한다투자 기간 설정.

메리츠금융지주의 배당은 2020년 기준으로 900원이다. 2021년 2월 기준 시가배당률은 8.6%로 고배당주로 분류할 수 있는 수치다. 메리츠금융지주의 주당 시세는 1만 7,000원에서 2만 1,000원 사이를 오가고 있다2021년 5월 기준. 앞에서 이야기한 대로 예금주식을 하는

메리츠금융지주 종목상세

현재가	17,850	전일종가	17,700
액면가	500	대용가	13,450
5일고가	18,150	5일저가	17,050
20일고가	19,950	20일저가	16,050
52주 최고	21,400	52주 최저	8,460
상장일	2011.05.13	공모가	13,000
상장주수	134,011,294	추가상장	0
시가총액(억)	23,921	자본금(억)	714
순이익(분기)	2021.03	순이익(억)	3,213
PER	3.32	EPS	5,333원
PBR	0.73	BPS	24,182원
EV/EBITDA	0.00	ROE	21.74%
외국인지분률	7.96%	신용잔고비율	0.11%
배당금	900원	배당수익률	9.17%
전망	NH투자증권		시장평균

방법은 2가지가 있고, 자신이 원하는 방법을 선택하면 된다.

첫 번째 방법으로 먼저 투자를 해보자. 첫 번째 방법은 은행에 예금을 넣는 것처럼 메리츠금융지주 주식 5,000만 원어치를 한 번에 매수하면 된다. 이때 주당 가격이 얼마인지에 따라 보유 주식수는 달라질 것이다. 이 방법은 딱히 신경 쓸 게 없다. 종목 관리만 잘해주면 된다. 이번에는 두 번째 방법으로 투자를 해보자.

> 2021년 5월 투자 시작. 연말까지 남은 달은 7개월
>
> 5,000만 원 ÷ 130일(12월 28일이 배당기준일, 오늘이 5월 26일이라고 가정하고 남은 영업일 수)
>
> 하루에 투자 가능한 금액 : 38만 4,600원

이와 같은 계획으로 배당주 투자를 하면, 적금주식을 하듯이 매일 38만 4,600원어치 메리츠금융지주 주식을 매수하면 된다. 리스크 관리는 두 번째 방법이 좋지만, 굴리고 있는 적금주식도 한두 개가 아닌데 예금주식도 이렇게 굴리면 신경 쓸 게 많아지고 헷갈릴 수 있으므로 매매일지에 기록해두는 게 좋다. 나는 첫 번째 방법으로 배당주 투자를 하면 너무 복잡하고, MTS도 더 자주 봐야 할 것 같아서 내 상황과 맞지 않아 첫 번째 방법을 주로 사용하고 있다.

어떤 방법으로 투자하든 간에 다음 해 3~4월 즈음에는 배당금이 입금된다. 첫 번째 방법인 예금주식으로 1주당 1만 7,850원에 매수했다면 보유주식 수는 2,801주다. 2020년을 기준으로 1주당 배당금이 900원이라면 내가 받을 수 있는 배당금은 총 252만 900원이다. 배당소득세 15.4%를 떼고 계산을 해도 213만 2,681원을 받게 된다

번째 방법인 적금주식처럼 굴린 배당주 투자는 보유주식을 가늠하기 어렵기 때문에 정확한 계산이 안 된다.

이렇게 받은 배당금을 그대로 동일 종목을 매수하는 것에 재투자하면 다음 해에는 원금에 1년 차 배당금과 2년 차 배당금이 더해져서 더 큰 수익을 볼 수 있다.

미국 배당주 'AT&T'

미국 주식 종목 중 고배당주로 꼽히는 AT&T를 예시로 미국 배당주 투자를 해보자.

AT&T는 배당킹에 선정된 종목으로, 2020년 코로나 위기 상황 때 투자자들에게 힘을 주기 위해 9%의 배당을 한 것으로도 유명하다. 현재 확인되는 시가배당률은 6.6%이며, 주당 가격은 30달러 내외다. AT&T는 2월, 5월, 8월, 11월 이렇게 1년에 네 번 배당금을 지급한다.

5,000만 원을 AT&T에 투자한다고 가정해보자. 1,080원의 환율로 환전한 후 달러로 AT&T를 29달러에 매수했다고 가정하면 총 1,699주를 보유하게 된다. AT&T는 1주당 2.08달러6.60%를 배당하며, 이 배당을 네 번에 나누어 주는 것이므로 한 번 배당받을 때 주당

AT&T 종목상세와 재무정보

국가명	미국	거래소명	뉴욕 증권거래소
업종명	통신 서비스	증권종류	보통주
현재가(원환산)	32,705	KRW/USD	1,117
시가총액(백만)	207,702.6	시가총액(원환산/억)	2,320,038
거래량(천주)	26,212	거래대금(백만)	767
전일종가	29.09	전일종가(원환산)	32,493
52주 고가	33.88	52주 저가	26.35
EPS	0.3521	PER	
거래단위	1	거래통화	USD

매출액(최근결산)	172,920.00
매출액변동률	2.71
총자본이익률(최근결산)	-1.43
주당매출액(최근결산)	24.12
총자산이익률(최근결산)	-0.15
주당현금흐름(최근결산)	3.63
EPS등락률(전년동기대비)	64.21
PCR(최근결산)	16.75

EBITD	53,833.00	EBITD이익률	52.68
당기순이익	-2,447.00	주당배당금	2.08
배당성향	N/A	세전이익	943.00
부채/자본	108.89	배당이익률	7.1502
EPS(최근결산)	1.03	PBR(최근결산)	1.26
PSR(최근결산)	1.22	PER(최근결산)	28.50

구분 (단위:백만,USD)

0.52달러2.08÷4씩 받을 수 있다. 나의 보유주식수에 주당 배당금을 곱하면, 한 달에 883.48달러를 받는다. 한화1,100원으로 계산로 따지면 97만 1,828원씩 들어오는 것이다. 이 금액은 2월, 5월, 8월, 11월에 들어오는 금액이고, 네 번을 모두 합친 1년 총금액은 388만 7,312원이다 세전수익금.

배당금 확인하기

배당주 투자를 해본 사람이라면 모두가 공감할 것이다. 어느 때보다 배당금이 들어올 때 신나고 기쁘다. 배당금 지급일은 공시를 보면 확인할 수 있지만, 증권사별로 조금씩 날짜 차이가 나는 경우도 있으므로 배당금이 들어왔는지 확인해보는 게 좋다.

배당금 내역

배당금이나 배당 권리 확정은 키움증권에서는 '거래내역'에서 확인이 가능하지만, NH투자증권에서는 'My → 고객센터 → 청약/권리 → 권리 현황'에서 확인할 수 있다. 해외 주식의 경우 '트레이딩 → 해외주식 → 권리/세금 → 해외주식 권리'에서 배당금을 확인할 수 있다. 배당금이 들어오기로 한 날짜를 기억하고 있다가 그 날짜로부터 며칠 후에 나의 계좌의 거래내역을 보면 쉽게 확인이 가능하다.

Plus Page +

환율이 증시에 미치는 영향

적금주식이 만기가 되어 수익금이 쌓이고 원금이 불어날 때는 한국 증시가 성수기인 경우가 많다. 주식은 상승장 속에서도 하락하고 상승하기를 반복한다. 아주 일반적인 파동이다. 그런데 상승장 이후에 하락장이 오지 않고 상승장이 오고, 또 상승장이 올 때가 있다. 이때는 너 나 할 것 없이 다들 주식 시장에 뛰어들고, 주식으로 대박쳤다는 스토리도 쏟아진다. 과거 IMF 이후의 상승장, 외환위기 뒤의 상승장, 리먼 브라더스 사태 이후의 상승장, 코로나 하락장 이후에 왔던 상승장 같은 불장들이 그렇다.

너도나도 주식으로 돈 벌었다고 이야기할 때는 이미 상승장이 어깨 이상, 머리 근처일 때가 대부분이다. 이때 환율을 체크해보면 달러가 저렴한 경우가 많다.

$1 = 1,000 ~ 1,100원 원화가 비쌈/달러가 저렴함

$1 = 1,200 ~ 1,300원 원화가 저렴함/달러가 비쌈

달러를 기준으로 할 때와 원화를 기준으로 할 때가 달라서 약간 헷갈리지만 조금만 공부하면 의외로 간단하다.

한국이 경제적으로 호황을 맞으면 원화가 비싸지고 상대적으로 달러는 저렴해진다. 이때 증시의 큰손인 외국인들은 약간의 부담을 느낄 수 있다. 아직까지 한국 증시가 쭉쭉 상승하고 있으니 수익을 낼 확률이 높지만 환율로 인한 리스크 부담도 올라가게 되는 것이다. 게다가 상승장이 무르익었으니 하락할 확률이 더 커지며 리스크가 중첩된다. 이런저런 이유들로 외인들이 돈을 빼서 상대적으로 저렴한 달러 시장에 투자하는 게 낫다고 판단되면 한국 증시는 큰 자금이 빠져나가면서 흔들릴 수밖에 없다. 증시를 받쳐주던 큰손이 떠나니 시장 분위기가 침체되고 하락 분위기로 돌아설 확률이 높아진다.

게다가 원화를 사용하는 기관들도 달러가 비교적 저렴하면 미국에 직접 투자하는 것이 낫다. 이렇게 기관의 돈까지 미국으로 흘러가면 한국 증시는 하락할 가능성이 더욱 높아진다. 반대로 이런 상황이라면 미국 증시가 상승할 가능성이 높다. 이 상황이 반드시 절대적인 건 아니다. 경제는 워낙 변수가 많고, 가정한 상황이 동일해도 결과는 다를 수 있다.

게다가 환율은 수출 위주의 기업에서는 실적으로 이어지는 지표다. 그래서 미국 증시에 투자할 때는 환리스크는 물론 환율 변동에 따른 시장 경제의 흐름도 체크해야 한다. 환율에 따라 세력이 이동할 수도 있고 상승세가 하락세로 바뀔 수도 있다. 이러한 경제 지표들로는 선물옵션, 금, 채권, 부동산, 혹은 유럽 증시, 홍콩 증시 등이 있다.

적금주식과 예금주식의 환상적 콜라보

나는 적금주식과 예금주식인 배당주 투자를 동시에 하면서 자산이 아주 빠르게 늘어나는 걸 직접 경험했다. 장이 좋았던 것도 있지만, 이 2가지 방법이 원금 손실은 최소화하면서 수익은 극대화시켜주는 투자법이기 때문이다. 앞의 내용을 모두 본 사람이라면 이미 적금주식과 예금주식을 함께 굴리는 법을 터득했겠지만, 정리하는 차원에서 2가지 투자법을 동시에 어떻게 운용하는지 설명하려고 한다.

국내 적금주식 + 국내 예금주식

배당주 투자는 안전하고 추가 수익이 보장된다는 점은 매력적이지만, 적금주식처럼 빠른 자산증식이 힘든 건 사실이다. 어떤 배당주는 그 자체로 수익률이 높은 것도 있다. 하지만 국내 배당주 리스트 중 상위에 속하는 종목들은 대체로 천천히 성장하는 종목이다. 그래서 오로지 배당주 투자만 하기보다는 적금주식으로 빠르게 푼돈을 목돈으로 만든 뒤, 그 목돈으로 탄탄한 배당주에 예금처럼 넣어두고 1년에 한 번 은행 예금이자보다 높은 배당금을 받는 걸 추천한다. 여기에 더불어 주가까지 오르면 시세차익까지 볼 수 있으니 일석이조다.

적금주식과 배당주 주식은 되도록 다른 증권사로 분리하거나 계좌를 분리하는 걸 추천한다. 개인적으로 나는 적금주식이 하나둘 모이면서 지금 꽤 많은 적금주식을 굴리고 있어서, 여기에 배당주 투자 종목까지 더해지면 관리할 게 너무 많아 힘들었다. 그래서 현재 적금주식은 NH투자증권에서 하고, 예금주식인 배당주 투자는 키움증권에서 하고 있다. 같은 증권사 내에서 계좌를 나누어 굴려도 어려움이 없다면, 그렇게 해도 좋다. 무엇이든 자신이 관리하기 편하면 된다.

'국내 적금주식 + 국내 예금주식' 하는 법

① 매달 투자 가능한 금액을 그 달의 영업일로 나눈 뒤, 투자 종목을 고른다.
② 한 종목을 매일 정해진 금액만큼 매수하다가 목표한 매도가가 오면 매도한다.
③ 수익금을 원금과 합산하여 매달 투자금을 증액시켜서 매수와 매도를 반복한다.
④ 적금주식의 최종 목표 금액을 매도 후 배당주 투자 계좌로 옮긴다.
⑤ 종목 분석을 끝낸 배당주를 ④ 금액만큼 매수하거나, 적금주식처럼 나눠서 매수한다.
⑥ 배당주 종목의 공시를 가끔씩 확인하면서 관리한다.
⑦ 배당금이 입금되면 그 금액만큼 배당주를 추가 매수한다.
⑧ 배당주 종목의 매도는 수익에 따라, 자신의 목표에 따라 결정한다.

국내 적금주식 + 해외 예금주식

한국 배당주에 투자할 때는 푼돈으로도 투자가 가능하다. 하지만 미국 배당주에 투자할 때는 확실하게 적금주식을 끝낸 목돈이 필요하다. 이유는 환전 시스템 때문이다. 환전은 환율 때문에 돈을 모아 두었다가 환율이 저렴할 때 한 번에 하는 게 이득이다. 환율이 1,000

원대일 때, 모아두었던 적금주식 만기금을 달러로 환전해놓는 게 미국 배당주를 1주라도 더 살 수 있는 방법이다.

배당주 종목을 매도할 때도 한 번에 움직이는 게 좋다. 만약 배

'국내 적금주식 + 해외 예금주식' 하는 법

① 매달 투자 가능한 금액을 그 달의 영업일로 나눈 뒤, 투자 종목을 고른다.
② 한 종목을 매일 정해진 금액만큼 매수하다가 목표한 매도가가 오면 매도한다.
③ 수익금을 원금과 합산하여 매달 투자금을 증액시켜서 매수와 매도를 반복한다.
④ 적금주식의 최종 목표 금액을 매도 후 배당주 투자 계좌로 옮긴다.
⑤ 투자금을 계좌에 보유하고 있다가 환율이 많이 떨어졌을 때 달러로 환전한다.
⑥ 종목 분석을 끝낸 배당주를 일괄 매수하거나, 적금주식처럼 나눠서 매수한다.
⑦ 배당금이 입금되면 그 금액만큼 배당주를 추가 매수한다. 미국은 보통 1년에 네 번 배당금을 지급한다.
⑧ 배당주 종목의 매도는 수익에 따라, 자신의 목표에 따라 결정한다.
⑨ 매도 후 계좌에 보유하고 있다가 환율이 많이 올랐을 때 원화로 환전한다.

당주 투자로 목표한 금액이 1억 원이라면, 그 금액이 될 때까지 쭉 돈을 모았다가 매도한 후 환율이 저렴할 때 환전하면 된다.

미국 배당주의 경우 배당금을 분기별로 주기 때문에 복리 투자가 더욱 용이하다는 건 큰 장점이지만, 환전 때문에 투자를 바로바로 할 수 없다는 게 단점이다.

배당주 투자의 연금화

연금주식은 적금주식, 예금주식처럼 내가 만든 명칭이다. 배당주로 연금을 만든다고 해서 연금주식이라 이름을 붙였다. 노후를 위해 연금을 준비하는 분들이 많다. 대표적으로 국민연금이 있고, 개인적으로 은행이나 보험사를 통해서 가입하는 연금도 있다. 연금은 보통 나이가 들어 경제활동을 활발하게 하기 어려울 때를 대비해서 가입한다. 경제활동을 지금처럼 하기 어려울 때 매달 생활비가 필요하기 때문에 그때 쓰기 위해서 지금부터 준비하는 것이다. 은행, 보험사 등에 연금 상품을 가입하는 것도 좋지만, 배당주 투자로 연금을 준비해

보는 건 어떨까?

국내 배당주는 대부분 1년에 한 번 배당을 하기 때문에 매달 월급이 들어오는 것처럼 고정금액이 따박따박 들어오지는 않는다. 목돈을 한 번에 받는 것도 좋지만, 연금처럼 쓰려면 매달 고정금액이 월급처럼 들어오는 게 더 유용하기 때문에 배당금을 연금처럼 쓰기에는 국내 배당주보다 미국 배당주 투자가 훨씬 좋다.

노후자금 계산하기

연금주식을 만드는 법은 미국 배당주로 월세를 만드는 방식과 거의 비슷하다. 연금주식은 노후 연금으로 활용한다는 목표만 다를 뿐이다.

나는 노후에 한 달에 필요한 생활비를 대략 300만 원으로 잡았다. 그럼 나만의 노후자금을 계산해보자.

한 달 생활비 300만 원 × 물가상승률 3%(평균 물가상승률 기준. 매해 변동 가능) × 은퇴 후 사망까지의 기간

이렇게 계산하면 대략적으로 내게 필요한 노후자금이 나온다. 평균적으로 65세에 직장에서 은퇴하여 100세에 사망한다고 가정하면, 35년 동안 노후자금으로 먹고살아야 하기 때문에 나의 자산 포트폴리오를 짤 때 연금자산 항목은 반드시 넣어서 미리 준비하자.

앞의 계산법으로 나에게 필요한 노후자산을 계산해보자. 계산하기 어렵다면 은행 앱에 있는 금융계산기를 이용하면 편하다. 이 책에서는 광주은행 금융계산기로 계산해보았다.

금융계산기

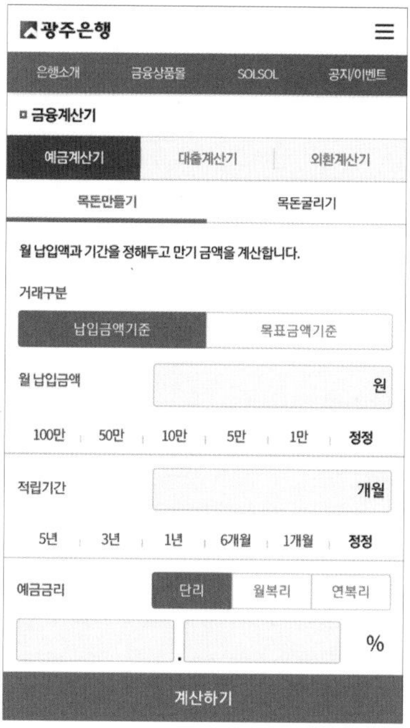

인터넷 검색창에 '광주은행 금융계산기'라고 검색하면 이와 같은 페이지가 나온다. 여기에 자신이 정한 한 달 생활비와 은퇴 후 사망까지의 대략 기간을 기입하면 된다.

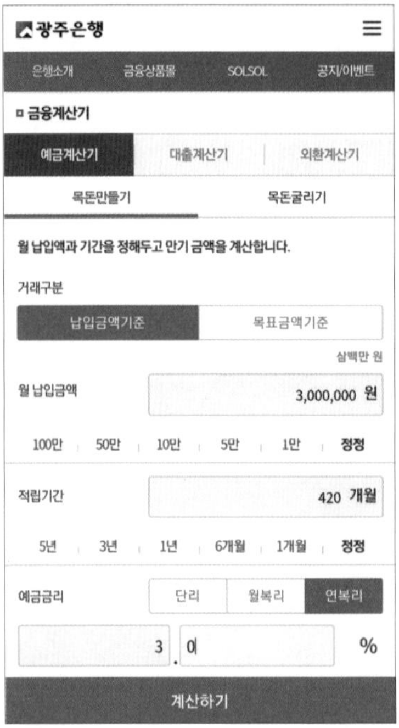

나는 월 300만 원의 생활비가 필요하다고 가정했으므로, 300만 원을 420개월35년, 이율은 물가상승률로 잡아서 연복리로 계산을 했다. 이렇게 해서 나온 금액은 20억 원이 조금 넘는다. 65세부터 100

세까지 물가는 계속 상승할 것이기 때문에, 그 물가 상승에 맞게 생활을 하는 데 20억 원이 필요하다는 뜻이다.

그렇다면 지금부터 65세가 될 때까지 20억 원을 모아야 한다는 뜻인데, 과연 그게 가능할까? 여기에 집이 있든 없든 주택 비용도 추가되어야 하니 불가능하다고 말할 수는 없지만, 쉽지 않은 건 사실이다.

주부이자 엄마인 나는 아무리 계산해도 이 금액이 불가능하게 느껴졌다. 아이들 학자금도 만들어야 하고, 살면서 예기치 않은 목돈이 들어갈 일도 있을 테고, 양가 부모님의 노후도 생각해야 하니, 이 모든 걸 하면서 20억 원을 모은다는 게 신기루처럼 느껴졌다. 그래서 생각한 게 배당금으로 한 달에 300만 원을 받는 거였다. 배당금으로 300만 원을 받으려면 얼마가 필요할까?

배당금으로 매달 300만 원 받기

연간 6% 배당을 하는 종목이 있다고 가정하자. 미국 배당주는 보통 1년에 네 번 배당금을 지급하므로, 계산하면 분기별로 1.5% 배당을 준다. 이때 배당금에도 세금이 나가기 때문에 0.5% 정도는 세금과 비용으로 나간다고 가정하면세법은 계속 변동되므로 대략 계산, 분기별로 약 1% 배당금을 받게 되는 것이다.

나에게 필요한 한 달 생활비는 300만 원이고, 배당금은 분기별로 입금되므로 3개월에 900만원씩 들어와야 한 달 생활비 300만 원이 충족된다. 즉 1% 배당금이 900만 원이 되어야 하니, 주식 투자에 필요한 돈은 여기에 ×100을 하면 된다.

9,000,000 × 100 = 900,000,000원

월 300만 원씩 배당을 받기 위해서는 6%의 배당주와 9억 원의 노후자금이 필요하다는 계산이 나온다.

단순하게 적금으로 연금을 준비하는 데 드는 비용은 20억 원이고, 연금주식으로 준비하면 그 절반도 안 되는 9억 원이면 된다. 더불어 배당주 투자를 한 종목이 상승한다면 더 큰 수익을 얻을 수 있고, 이자에 해당하는 배당금만으로도 충분히 생활을 할 수 있어서 투자 원금은 남게 되니 막연하게 통장에 노후자금을 모으는 것보다 여러모로 훨씬 이득인 셈이다.

미국 배당주로 연금 만드는 법

① 적금주식을 굴려서 목돈을 만든다.
② 목돈을 예금주식(이때는 국내든 미국이든 상관없음)으로 예치하면서 들어오는 배당금을 재투자한다.
③ 예금주식으로 모인 자산을 미국 배당주에 예치해서 연금주식으로 굴린다. 이때 분기별로 들어오는 배당금은 재투자한다.

분기별로 배당금이 나올 때마다 환전해야 하니 환율에 따라 분기별로 생활비가 달라질 수 있지만 원금을 보존한 채 이자만으로 노후자금을 마련한다는 것만으로도 아주 매력적이다. 게다가 국내 증시보다 훨씬 크고 튼튼한 종목들이 많은 미국 증시의 장점을 더 활용할 수 있다.

이 시스템을 완성한다면 우리가 그토록 원하던 경제적 자유를 얻을 수 있다. 일하지 않아도 배당금은 들어올 테니, 사실상 은퇴하여 연금을 받을 나이가 되지 않더라도 연금주식이 완성되는 순간이 나의 은퇴일이 되는 것이다.

Plus Page +

주식으로 부동산에 투자한다!

경제적 자유로 가는 지름길, 미국 배당주로만 가능한 것은 아니다. 국내 주식으로도 가능하다. 얼마 전까지만 해도 우리나라의 최고 인기 직업은 바로 건물주였다. 건물주를 꿈꾸며 지금도 열심히 돈을 벌고 모으는 사람들도 많다. 그런데 부동산 가격은 매일 천정부지로 치솟고, 내 집 하나도 없는 판국에 건물주는 모두 남 이야기처럼 들린다.

하지만 낙담하지 않아도 된다. 적은 돈으로도 부동산 투자를 하고 월세를받을 수 있다. 그리고 그 월세로 연금을 구성할 수도 있다. 심지어 공실 위험이 있는 빌라를 매수하는 게 아니라, 우리나라 대기업들이 입점해 있는 부동산에 투자해 월세를 나눠 받고 유료 다리, 유료 터널 같은 산업 기반에 투자해서 그 수익으로 연금을 만들 수도 있다. 바로 '리츠 투자'다.

리츠는 부동산 임대를 주요 업으로 하는 회사종목를 말하며, 그중 주식 시장에 상장한 리츠들은 주식 거래가 가능하다. 주식처럼 사고팔면서 안정적으로 배당금까지 받을 수 있다.

옆에 이미지에 있는 종목들이 리츠다. 리츠에 투자하면 부동산이 주는 안정감과 동시에 주식이 주는 유동성과 성장성을 챙길 수 있다. 이 회사의 수익은 대부분 부동산 임대 수입이다. 즉 월세나 부동산, 혹은 산업 기반

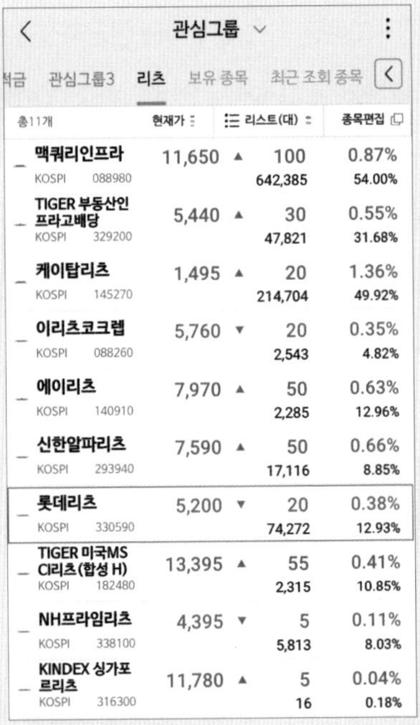

총11개	현재가	리스트(대)	종목편집
맥쿼리인프라 KOSPI 088980	11,650	▲ 100 642,385	0.87% 54.00%
TIGER 부동산인프라고배당 KOSPI 329200	5,440	▲ 30 47,821	0.55% 31.68%
케이탑리츠 KOSPI 145270	1,495	▲ 20 214,704	1.36% 49.92%
이리츠코크렙 KOSPI 088260	5,760	▼ 20 2,543	0.35% 4.82%
에이리츠 KOSPI 140910	7,970	▲ 50 2,285	0.63% 12.96%
신한알파리츠 KOSPI 293940	7,590	▲ 50 17,116	0.66% 8.85%
롯데리츠 KOSPI 330590	5,200	▼ 20 74,272	0.38% 12.93%
TIGER 미국MSCI리츠(합성 H) KOSPI 182480	13,395	▲ 55 2,315	0.41% 10.85%
NH프라임리츠 KOSPI 338100	4,395	▼ 5 5,813	0.11% 8.03%
KINDEX 싱가포르리츠 KOSPI 316300	11,780	▲ 5 16	0.04% 0.18%

시설의 이용료다. 그래서 보통 재무가 굉장히 탄탄하고 고배당을 하는 곳들이 많다.

리츠 중 가장 유명한 것은 맥쿼리인프라로 2021년 3월 기준으로 6.1%의 배당을 하고, 1년에 두 번 배당금을 지급하고 있다. 롯데 리츠는 롯데 계열사롯데백화점, 롯데마트, 롯데아울렛 등에게 임대를 내주고 임대 수입을 얻는 구조다.

배당주 투자에 관심은 있지만, 환전, 환율 때문에 미국 배당주 투자를 주저하고 있다면 국내 고배당 리츠에 투자해 연금자산을 만드는 것도 좋은 방법이다. 맥쿼리인프라는 1년에 두 번 배당하고 2020년 연말 기준으로 주당 360원의 배당금을 주고 있다. 현재2021년 5월 주가는 1만 2,000원 내외이므로, 10만 주를 보유하면 1년에 3,600만 원이라는 배당 수익이 들어온다세금, 비용 포함. 10만 주를 매수하려면 12억 원이 필요하다. 원금 12억 원은 그대로 있는 상태에서, 매달 300만 원의 생활비를 월세로 받는 셈이다.

12억 원짜리 빌라를 구입하는 것과 12억 원으로 리츠 배당주를 매수하는 것 중 어떤 것이 더 좋을까? 개인적으로 후자가 단연 가성비가 좋다고 생각한다. 임대 수입의 가성비보다 주식 투자 가성비가 더 좋기 때문이다.

나의 실제 경험에 빗대어 이야기하면, 현재 월세를 받고 있는 건물에서 얻는 수익을 계산해보니 생각보다 적었다. 비용과 세금까지 제하고 나면 수익률은 더 떨어졌다. 게다가 경제적 자유라는 게 내가 노동에서 자유로워야 하는데, 임대 사업은 내가 계속 노동을 해야 한다는 전제가 붙었다. 이렇다 보니 12억 원을 주고 건물을 사느니 리츠를 매수해서 수익도 보고 배당도 받는 게 더 효율적이고 이롭다.